中華古籍保護計劃

成果

國家古籍整理出版專項經費資助項目

新疆維吾爾自治區
入選國家珍貴古籍名録圖録

國家古籍保護中心
新疆維吾爾自治區古籍保護中心　編

中華書局

圖書在版編目(CIP)數據

新疆維吾爾自治區入選國家珍貴古籍名録圖録 / 國家古籍保護中心，新疆維吾爾自治區古籍保護中心編. — 北京：中華書局，2016.8

ISBN 978-7-101-11486-7

Ⅰ. 新… Ⅱ. ①國… ②新… Ⅲ. 古籍—圖書目録—新疆
Ⅳ. Z838

中國版本圖書館 CIP 數據核字 (2016) 第 003982 號

責任編輯：陳利輝
封面設計：張克云

微信

新浪微博

新疆維吾爾自治區入選國家珍貴古籍名録圖録

國家古籍保護中心　新疆維吾爾自治區古籍保護中心 編

*

中 華 書 局 出 版 發 行
（北京市豐臺區太平橋西里 38 號　100073）
http://www.zhbc.com.cn
E-mail:zhbc@zhbc.com.cn
三河市百福春印刷有限公司印刷

*

889×1194 毫米 1/16 · 17½印張
2016 年 8 月北京第 1 版　2016 年 8 月三河第 1 次印刷
定價：500.00 元

ISBN 978-7-101-11486-7

編纂委員會

鳴　謝

（按筆畫排序）

中國科學院新疆分院文獻信息中心

巴音郭楞蒙古自治州和静縣博物館

吐魯番博物館

伊犁哈薩克自治州文物局

喀什地區英吉沙縣文化館

新疆大學圖書館

新疆維吾爾自治區少數民族古籍搜集整理出版規劃領導小組辦公室

新疆維吾爾自治區文化廳

新疆維吾爾自治區社會科學院圖書館

新疆維吾爾自治區博物館

新疆維吾爾自治區圖書館

新疆維吾爾自治區維吾爾醫藥研究所

新疆維吾爾醫學高等專科學校

序 言

新疆地處我國西北邊陲，亞歐大陸腹地，自古以來就是一個多民族、多宗教、多元文化共存的地方。公元前60年，新疆正式納入祖國版圖，成爲統一的多民族國家不可分割的重要組成部分。作爲絲綢之路要衝的新疆，是華夏文明與多個其他古老文明交流對話的地方。因此，保存了以漢字、阿拉美字母、婆羅米字母和阿拉伯字母等四大系統的二十餘種文字書寫的數十萬册件古代典籍文獻。這些文獻記録了新疆歷史的發展進程和滄桑巨變，反映了各民族發展的軌跡，凝聚着先民們的智慧，是民族融合發展的見證，是中華民族文化遺産的重要組成部分。

新中國成立以來，黨和政府高度重視新疆古籍保護工作，做出了一系列重大決策和部署。2007年，國務院辦公廳印發了《國務院辦公廳關於進一步加强古籍保護工作的意見》（國辦發[2007]6號），宣告“中華古籍保護計劃”正式啓動。我國古籍保護工作全面開展，新疆維吾爾自治區古籍保護工作也邁入了新階段。2011年，文化部等八部委聯合印發《關於支持新疆維吾爾自治區古籍保護工作的通知》（文社文發[2011]3號），正式啓動了新疆古籍保護專項工作。在新疆維吾爾自治區實施古籍保護工作，對新疆現存各民族古籍進行全面、系統的普查、保護和利用。這對於搶救和保護各民族文化遺産，推動中華民族大團結，具有深遠的歷史意義和重大的現實意義。

自“中華古籍保護計劃”實施以來，國家古籍保護中心高度重視新疆維吾爾自治區的古籍保護工作。根據新疆古籍保護工作的實際需求，在人員、經費、物資、技術等方面給予全力支持，推進新疆古籍保護工作向縱深發展。在國家古籍保護中心和新疆維吾爾自治區古籍保護中心的共同努力下，新疆維吾爾自治區的古籍普查、《國家珍貴古籍名録》與“全國古籍重點保護單位”申報、人才培養、古籍數字化、古籍修復、古籍整理出版與研究、古籍保護宣傳推廣等各項工作有序開展，穩步推進。截至目前，完成古籍普查登記的數量約佔全疆古籍總數的三分之二，共有12家單位的102種古籍入選《國家珍貴古籍名録》，新疆維吾爾自治區圖書館入選“全國古籍重點保護單位”，完成古籍數字化46200餘拍，培訓古籍專業人員600餘人次。2010年，舉辦了規模宏大的“新疆歷史文獻暨古籍保護成果展”；2012年，編製了《新疆維吾爾自治區少數民族文字古籍定級標準》；2014年，成立了“新疆維吾爾自治區古籍修復中心”，和田桑皮紙研究與古籍修復工作業已啓動。這些成果都是對國家古籍保護中心與新疆維吾爾自治區古籍保護中心工作的激勵與鞭策。

編輯出版《新疆維吾爾自治區入選國家珍貴古籍名録圖録》（以下簡稱《圖録》），旨在通過古籍文獻展示新疆悠久的歷史文化和璀璨的地域文明，勾勒出新疆精彩紛呈的歷史文化景觀。同時，從一個側面反映“中華古籍保護計劃”實施以來，新疆古籍保護工作所取得的成績。《圖録》收録102部新疆維吾爾自治區入選第一至四批《國家珍貴古籍名録》的古籍。在體例編排上，《圖録》依照《國家珍貴古籍名録》以文字分類、以時代先後爲序的原則，將入選古籍劃分爲漢文古籍、少數民族文字古籍和其他文字古籍三大類。在内容上，這些珍貴文獻涉及政治、經濟、文化、軍事、哲學、宗教和醫藥等諸多方面。其中，少數民族文字古籍多爲手抄本，涵蓋焉耆-龜茲文、粟特文、藏文、回鶻文、蒙古文、察合台文、滿文等文字。裝幀形式上有卷軸裝、梵夾裝、册葉裝等。同時，配以大量精選圖片，極具新疆地域特色。

收入《圖録》的古籍皆爲珍本，其中不乏孤本。如唐以後佚而不傳的《論語鄭氏注》，成書後迅速在西域傳抄的《三國志・孫權傳》，唐代頒行的律文《唐律疏義・名例律》，摩尼教徒之間的通信《粟特文書信》，目前所知我國最早的劇本焉耆-龜茲文《彌勒會見記》，珍貴的維吾爾醫學典籍《醫學之目的》《醫療指南》

等，佛教經典藏文本《五守護神大乘經》，托忒蒙古文《烏訥素珠克圖舊土爾扈特與青色特奇勒圖新土爾扈特之汗諾顔世系源流》，滿文翻譯手抄本《漢國書》《勸善經》，目前國内發現的唯一一部使用黑桑皮紙泥金銀抄寫的托忒蒙古文《聖懺悔滅罪大解脱普聞成等正覺莊嚴大乘經》等等。這些古籍不僅是新疆地區的重要精神財富，更是各民族互相交流、和諧發展、共同進步的歷史見證。

時值新疆維吾爾自治區成立60周年之際，我們希望以《圖録》付梓爲契機，通過文化部等各部委的“文化援疆”行動，進一步加强民族文化典籍保護工作。同時，爲國家“一帶一路”戰略構想和新疆“絲綢之路經濟帶”核心區構想的實現，做好軟實力建設工作，促進新疆文化事業的大發展大繁榮，更好地繼承與弘揚中華優秀傳統文化。

國家古籍保護中心

新疆維吾爾自治區古籍保護中心

2015年10月

凡 例

一、本書收録新疆維吾爾自治區入選第一至四批《國家珍貴古籍名録》中的古籍，計102種。

二、本書分漢文古籍、少數民族文字古籍和其他文字古籍三類。漢文古籍按四部法編排，少數民族文字古籍按文種編排。

三、書影由《國家珍貴古籍名録》入選單位授權提供，均采用原件拍攝或掃描，每種古籍選擇能反映該書或文獻版本特徵的圖片一至五幀不等。

四、著録項依次爲：本《圖録》編號、書名、卷數、著者、版本、存卷、裝幀形式、版式、收藏單位、《國家珍貴古籍名録》號、内容介紹、撰稿單位或個人。

五、書名、著者、版本著録以國務院審批頒佈的第一至四批《國家珍貴古籍名録》爲準。異體字原則上依原書照録。

六、綫裝漢文古籍不録裝幀形式。少數民族文字古籍縫繢裝、粘葉裝、精平裝、散葉等均著録爲册葉裝。

七、少數民族文字古籍凡以公曆紀元者加注“公元”字樣。

目 録

漢文古籍

少數民族文字古籍

其他文字古籍

漢文古籍

1. 易雜占

闞氏高昌（五世紀中後期）寫本

卷軸裝。高約27.4釐米，五段拼綴而成，約三紙，存88行，行約23字。烏絲欄。背面有關於曆日和擇吉的文字。1997年吐魯番鄯善洋海1號墓出土。吐魯番博物館藏。入選第二批《國家珍貴古籍名録》，名録號02541。

此寫本相比其他吐魯番文書較長。此件《易雜占》與墓葬中的儒家典籍《論語》《孝經義》一起單獨折疊放置，爲隨葬典籍。從文書抄寫形制來看，應該是一部完整占書抄本中的三葉。

（吐魯番博物館）

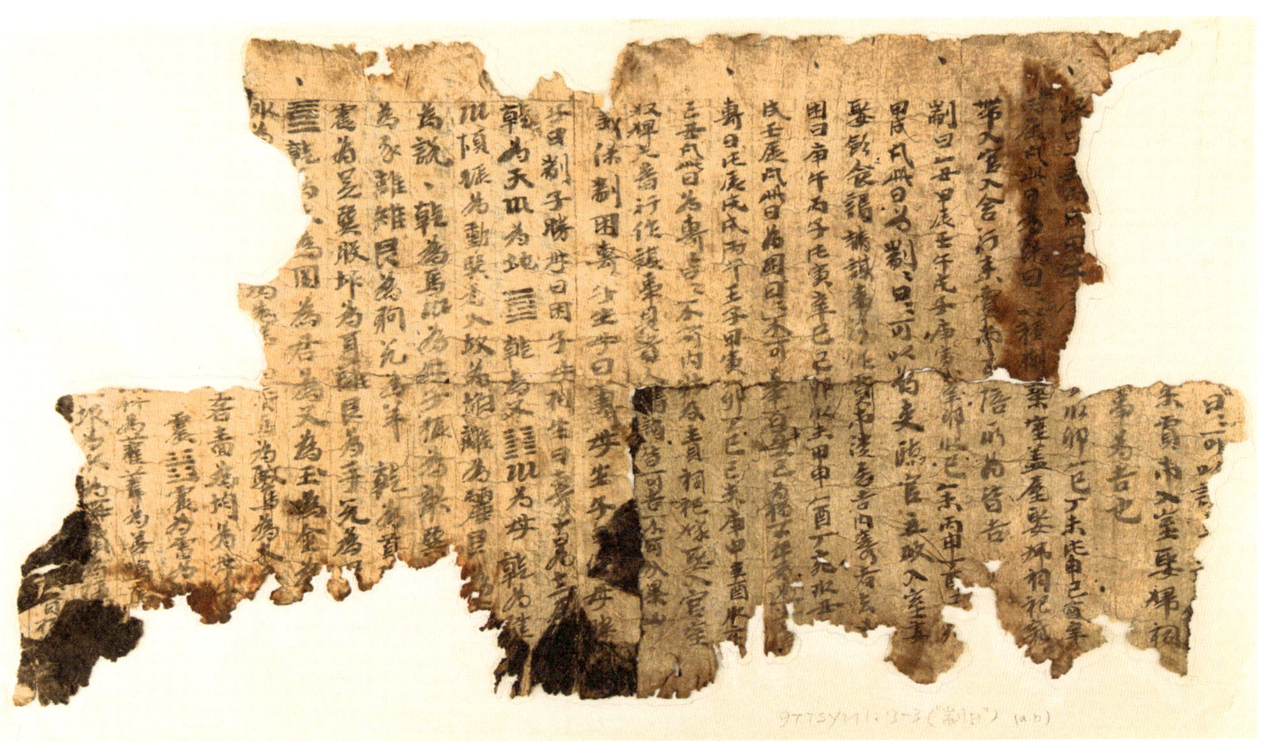

2. 孝經義

闞氏高昌（五世紀中後期）寫本

殘片。高27釐米，廣42.8釐米。存文字10行，行字不等。共100餘字。1997年吐魯番鄯善洋海1號墓出土。吐魯番博物館藏。入選第一批《國家珍貴古籍名録》，名録號00178。

此寫本正背兩面分別書寫《孝經義》序言與《論語·堯曰》古注，是十分珍貴的佚書，不僅有助於瞭解儒家典籍本身及其傳播歷史，也有助於研究北涼及闞氏高昌時期學術文化淵源，特別是與南、北朝文化的聯繫問題。

（吐魯番博物館）

孝經義
孔子聖人姓孔名丘字……處
國庭職莫能規用正刪詩書定禮樂精春
秋述易道明法五帝遠者三十二人弟子曾參
有吾孝之性故仲尼因為陳先王之德自天子
以下至於庶人各有條貫弟子書其言以
為孝經此皆先王之法以教化是時禮壞
等臣煞其君子煞其父故仲尼述其意以先
有至德要道以訓天下則說先王之道明……
[illegible]

3. 論語鄭氏注

唐景龍四年（710）卜天壽寫本

卷軸裝。高27釐米，長538釐米。存178行，行字不等。1969年吐魯番阿斯塔那363號墓出土。吐魯番博物館藏。入選第一批《國家珍貴古籍名録》，名録號00177。

此寫本起《爲政》篇“哀公問曰”章，訖《公冶長》篇。雖係小學生寫本，有一定的錯字、衍文與脱誤，但對唐以後即失傳的鄭注而言，仍然具有很高的考訂、校勘價值。同時亦説明西州時期吐魯番地區建立了與内地一樣的學校，推行以儒家經典爲主的漢文化教育。

（吐魯番博物館）

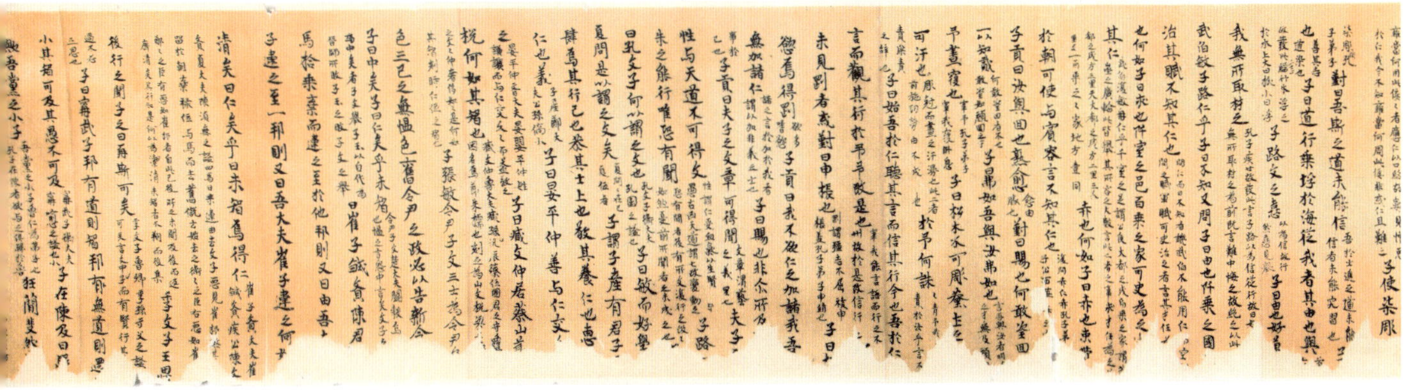

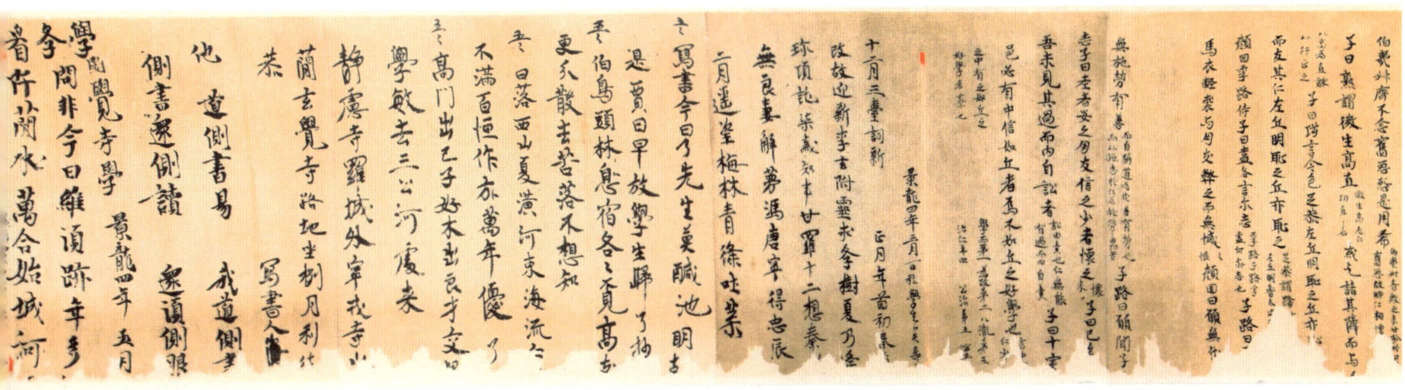

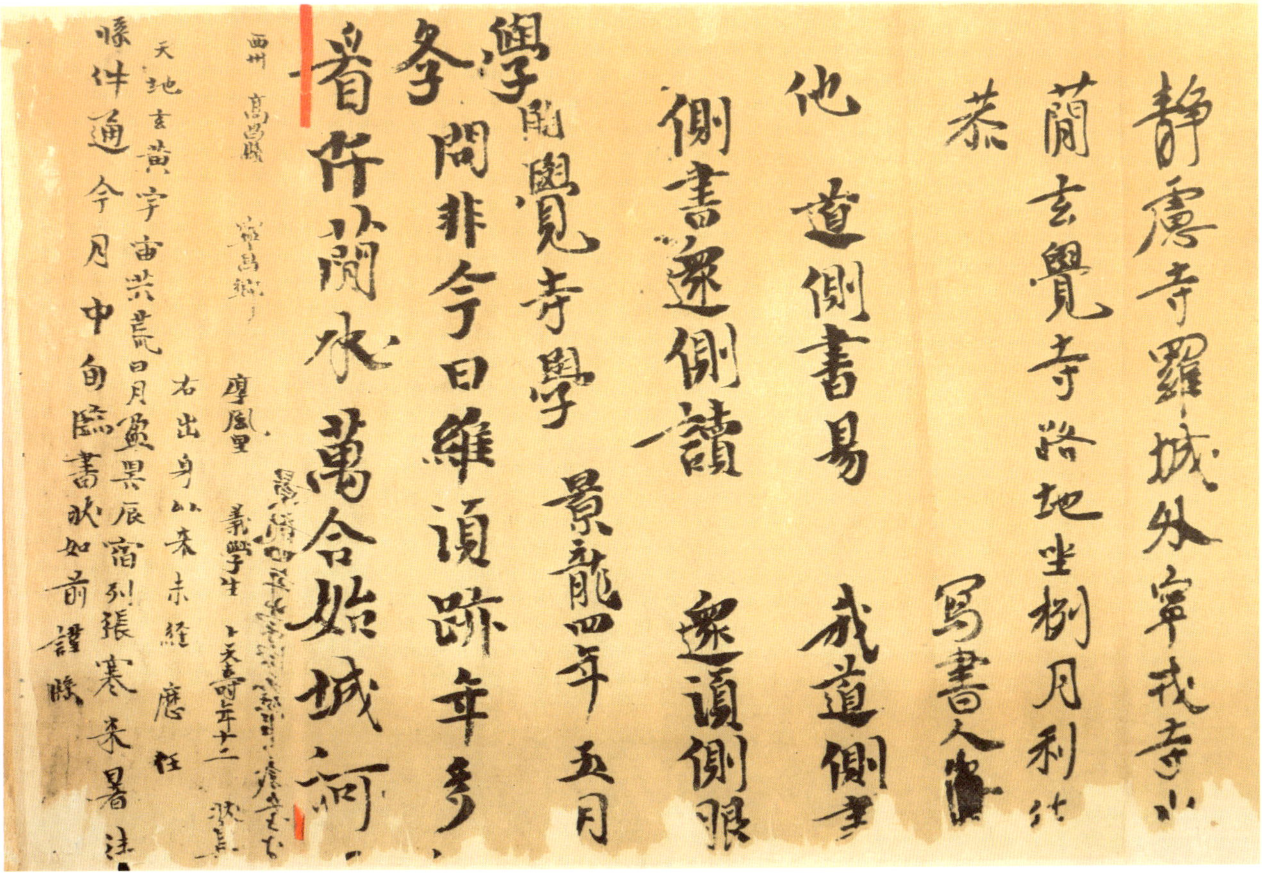

4. 論語鄭氏注
唐高昌縣賈忠禮寫本

殘片。存十紙，分别爲：高5.5釐米，廣10釐米；高26釐米，廣26釐米；高23釐米，廣23釐米；高23.5釐米，廣25.5釐米；高21釐米，廣20.5釐米；高23.5釐米，廣22.5釐米；高23.5釐米，廣27.5釐米；高27.5釐米，廣20.5釐米；高23.5釐米，廣20.5釐米；高27.5釐米，廣20.5釐米。烏絲欄。1964年吐魯番阿斯塔那27號墓出土。新疆維吾爾自治區博物館藏。入選第二批《國家珍貴古籍名録》，名録號02540。

此寫本拆自男性墓主紙靴，裂爲十數片，存《雍也》《述而》《泰伯》《子罕》《鄉黨》等五篇的部分文字，尾部有題記："高昌縣學生賈忠禮寫。"字體爲小楷，結構合理、筆法穩健、端莊清秀，表現出很高的書法藝術水準。此殘卷的發現，表明唐代西域在文化教育上與中原地區基本一致。

（新疆維吾爾自治區博物館）

服而朝

吉月必朝

齊必有明衣布

以為之齊必變食居必遷坐食不猒精膾

不猒細食饐而餲不食魚餒而肉敗不食色

惡不食臭惡不食失飪不食非時不食割不

正不食不得其醬不食肉雖多不使勝食

為之齊必變食居必遷坐食不猒精膾

猒細食饐而餲不食魚餒而肉敗不食色

不食臭惡不食失飪不食非時不食割不

食不得其醬不食肉雖多不使勝食

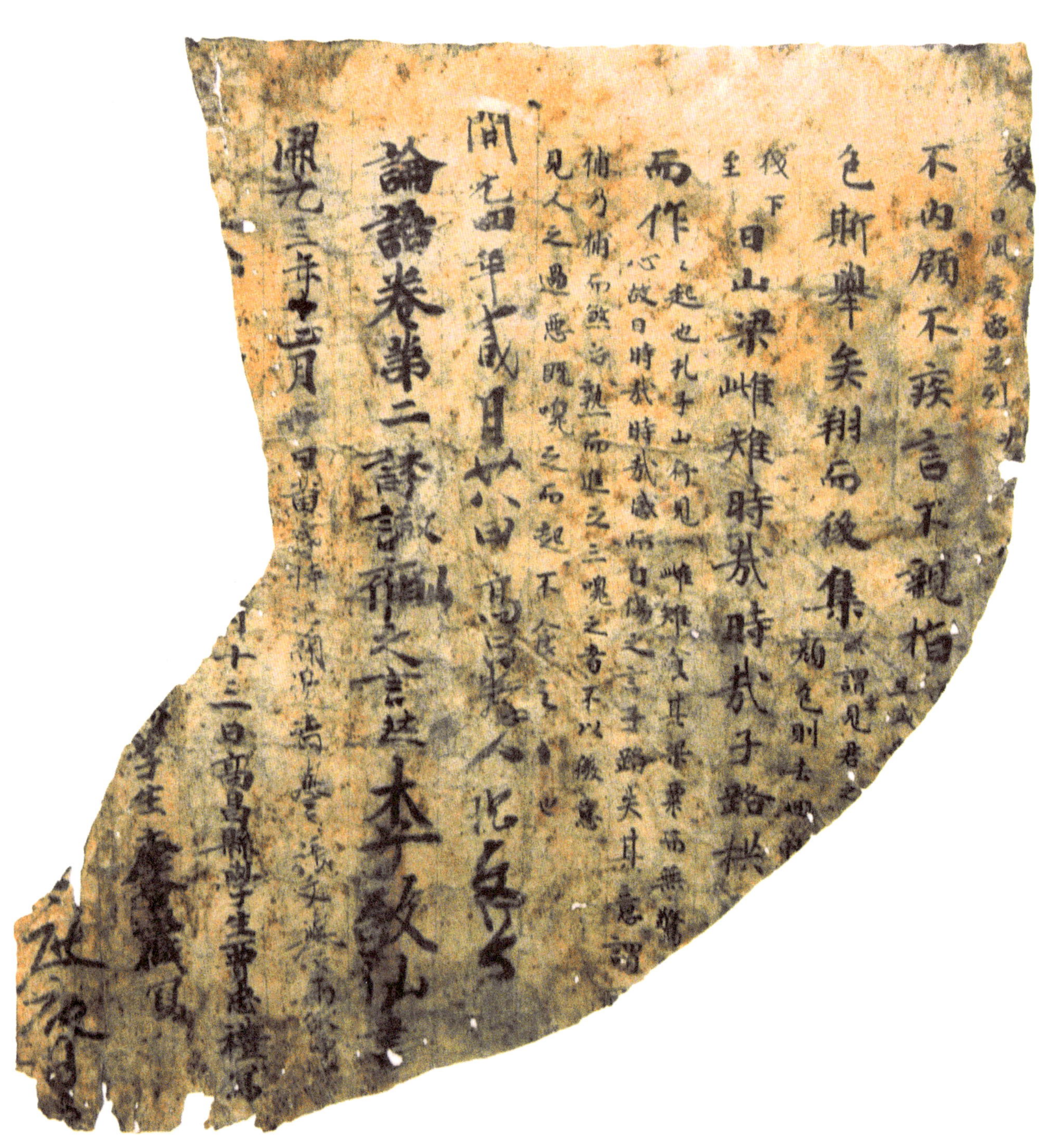

5. 史記一百三十卷

〔漢〕司馬遷撰 〔南朝宋〕裴駰集解
〔唐〕司馬貞索隱 〔唐〕張守節正義
明嘉靖十三年（1534）秦藩朱惟焯刻二十九年（1550）重修本

框高19.7釐米，廣12.8釐米。半葉10行，行18字，小字雙行24字，白口，左右雙邊。新疆大學圖書館藏。入選第一批《國家珍貴古籍名録》，名録號01464。

此本前有明嘉靖十三年（1534）鑒抑道人朱惟焯《重刻史記序》，嘉靖二十九年（1550）允中道人（朱惟焯子嗣）《史記序刻》，末有《重刻史記後記》。

（趙劍鋒）

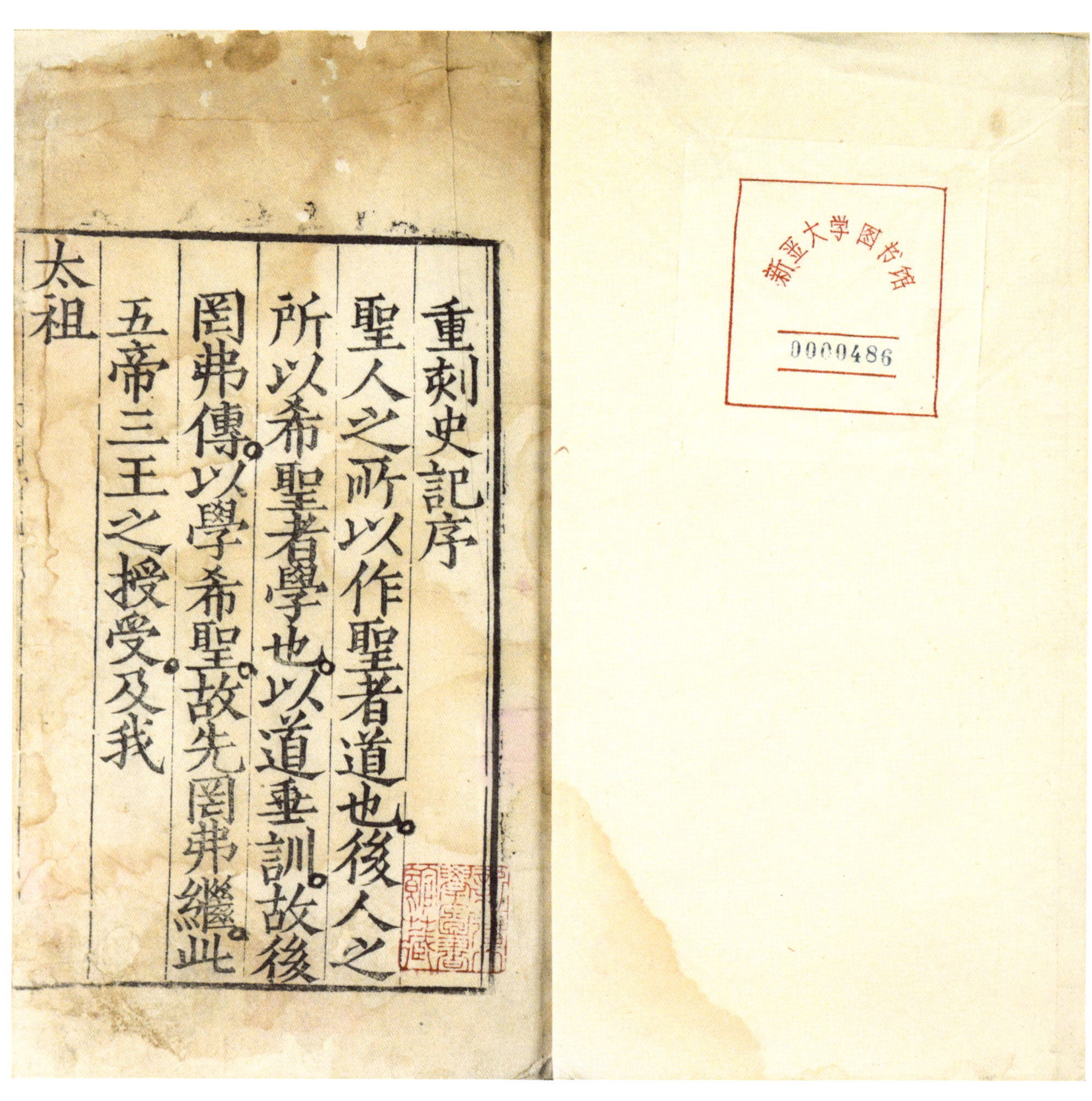

重刻史記序

聖人之所以作聖者道也。後人之所以希聖者學也。以道垂訓，故後罔弗傳；以學希聖，故先罔弗繼。此五帝三王之授受。及我

太祖

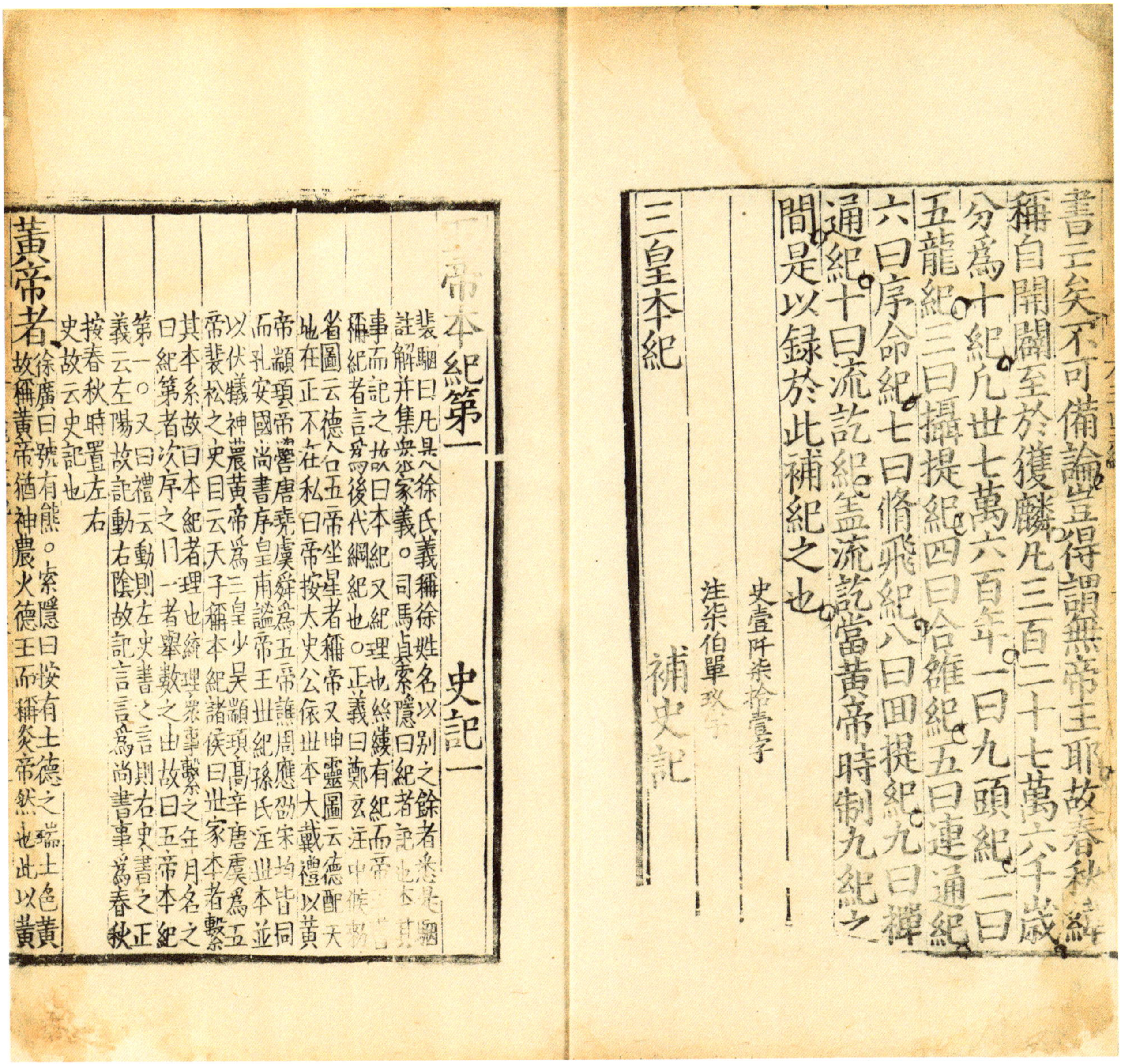

書云矣不可備論豈得謂無帝王耶故春秋緯
稱自開闢至於獲麟凡三百二十七萬六千歲
分爲十紀凡世七萬六百年一曰九頭紀二曰
五龍紀三曰攝提紀四曰合雒紀五曰連通紀
六曰序命紀七曰脩飛紀八曰回提紀九曰禪
通紀十曰流訖紀蓋流訖當黃帝時制九紀之
間是以録於此補紀之也

史壹阡柒拾壹字
注柒伯單玖字

補史記

三皇本紀

五帝本紀第一　　史記一

裴駰曰凡是徐氏義稱徐姓名以別之餘者悉是駰註解并集衆家義○司馬貞索隱曰紀者記也本其事而記之故曰本紀又紀理也絲縷有紀而帝王書稱紀者言爲後代綱紀也○正義曰鄭玄注中候勑省圖云德合五帝坐星者稱帝又坤靈圖云德配天地在正不在私曰帝按太史公依世本大戴禮以黃帝顓頊帝嚳唐堯虞舜爲五帝譙周應劭宋均皆同而孔安國尚書序皇甫謐帝王世紀孫氏注世本並以伏犧神農黃帝爲三皇少昊顓頊高辛唐虞爲五帝裴松之史目云天子稱本紀諸侯曰世家本者繫其本系故曰本紀者理也統理衆事繫之年月名之曰紀第者次序之目一者舉數之由故曰五帝本紀第一○又曰禮云動則左史書之言則右史書之正義云左陽故記動右陰故記言言爲尚書事爲春秋按春秋時置左右史故云史記也

黃帝者、徐廣曰號有熊○索隱曰按有土德之瑞土色黃故稱黃帝猶神農火德王而稱炎帝然也此以黃

6. 漢書一百卷

〔漢〕班固撰　〔唐〕顔師古注

明正統八至十年（1443—1445）刻本

框高21.1釐米，廣15.3釐米。半葉10行，行19字，小字雙行25至28字，白口或黑口，四周雙邊。新疆大學圖書館藏。入選第二批《國家珍貴古籍名録》，名録號03529。

《漢書》是中國第一部紀傳體斷代史，記載西漢一朝史事，凡一百卷。《漢書》首設《西域傳》，具有重要意義。《漢書》自古號稱難讀，顔師古匯集二十三家注，以糾謬補缺，歷爲學者所推重。該本前有莫友芝跋，鈐印有“劉承幹字貞一號翰怡”“吴興劉氏嘉業堂藏書印”“卧雪廬袁氏藏書印”“莫友芝圖書印”“袁芳瑛印”“錢謙益印”和曾國藩後人曾紀鴻、曾廣鈞等人藏書印。

（趙劍鋒）

宋冑監漢書始孫何等校定之後附張佖刊誤者為
淳化五年定本次景德二年刁衎晁迥等覆校本
次景祐二年余靖王洙重校定本次熙寧二年刊進嘉
祐中陳繹重校歐陽脩看詳本次宣和六年重修
本次紹興廿一年重刊本今惟景祐紹興兩刻尚著
録于舊藏家大率每頁廿行行十九字史文注字廿
五至廿七八不等此本行字悉合其表今人表序半頁九行表自第三頁至卷末皆半
頁十五行又列傳中注擠補處有一行至廿七字者蓋是前人失記非別有更張也列傳第廿九闕後九頁及他
卷有二三頁闕處並依乾道三年刊本影補其行字悉同

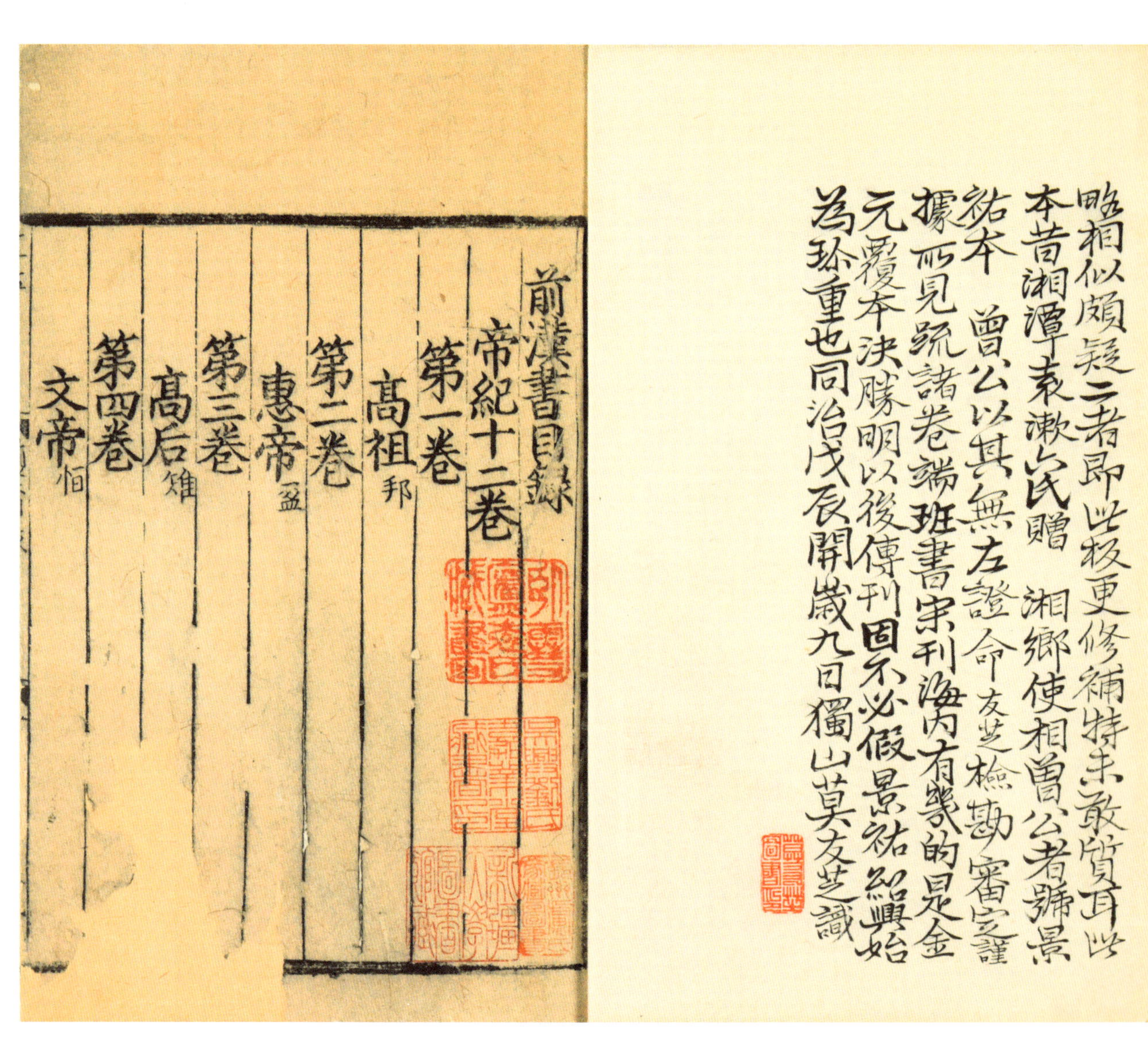

略相似頗疑二者即此板更修補特未敢質耳此本昔湘潭袁漱六氏贈 湘鄉使相曾公者辨景祐本 曾公以其無左證命友芝檢勘審定謹據所見疏諸卷端班書宋刊海内有數的是金元覆本決勝明以後傳刊固不必假景祐紹興始為珍重也同治戊辰開歳九日獨山莫友芝識

前漢書目録

帝紀十二卷

第一卷

高祖 邦

第二卷

惠帝 盈

第三卷

高后 雉

第四卷

文帝 恒

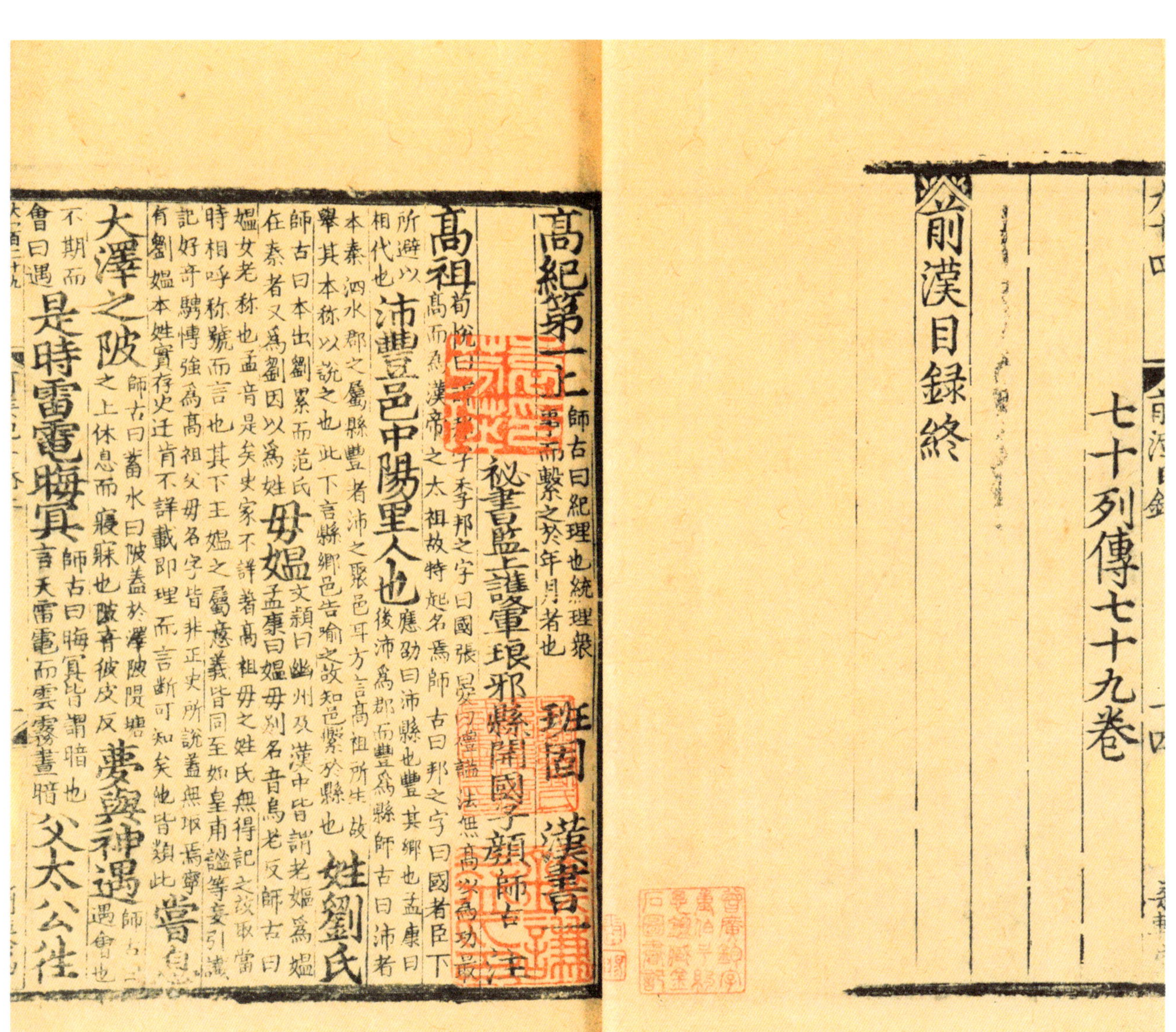

7. 三國志·孫權傳

〔晋〕陳壽撰

晋寫本

卷軸裝。高22釐米，長72釐米。存40行，500餘字。烏絲欄。1965年吐魯番安樂古城南佛寺遺址出土。新疆維吾爾自治區博物館藏。入選第一批《國家珍貴古籍名録》，名録號00179。

此寫本内容與傳世宋刊本《三國志·吴書》基本一致。全卷書體捺筆極重，隸書風格甚濃，當是晋人寫本，時代不晚於四世紀。《三國志》作者陳壽卒於晋惠帝元康七年（297），本卷抄寫於成書後不久，是該書最早的抄本之一，充分説明了當時中原與西域的密切聯繫。

（新疆維吾爾自治區博物館）

8. 唐書二百卷

〔後晋〕劉昫等撰

明嘉靖十八年（1539）聞人詮刻本

框高21.5釐米，廣15釐米。半葉14行，行26字，小字雙行同，白口，左右雙邊。新疆大學圖書館藏。入選第二批《國家珍貴古籍名録》，名録號03549。

劉昫（888—947）於後晋高祖時以宰相監修國史，開運二年（945）領銜進《唐書》二百卷，即今所謂《舊唐書》。宋代《新唐書》修成後，《舊唐書》讀者日少，宋刻傳本甚少。明嘉靖年間，聞人詮多方搜求得宋版翻雕，《舊唐書》重新行世。鈐印有“汝南杏江甫收藏”“錢枋之印”“叔載”。

（趙劍鋒）

唐書目錄

唐書本紀卷第一

監修國史推誠守節保運功臣特進守司空兼門下侍郎同中書門下平章事上柱國譙國公食邑五千戶食實封四百戶臣劉昫等奉勅修

皇明奉勅提督南畿學政山西道監察御史餘姚聞人詮校刻

蘇州府儒學訓導門人嘉興沈桐同校

高祖

高祖神堯大聖光孝皇帝姓李氏諱淵其先隴西狄道人涼武昭王暠七代孫也暠生歆歆生重耳仕魏爲弘農太守重耳生熙爲金門鎭將領豪傑鎭武川因家焉儀鳳中追尊宣皇帝熙生天賜仕魏爲幢主大統中贈司空儀鳳中追尊光皇帝皇祖諱虎後魏左僕射封隴西郡公與周文帝及太保李弼大司馬獨孤信等以功參佐命當時稱爲八柱國家仍賜姓大野氏周受禪追封唐國公謚曰襄至隋文帝作相還復本姓武德初追尊景皇帝廟號太祖陵曰永康皇考

9. **資治通鑑二百九十四卷** 〔宋〕司馬光撰 〔元〕胡三省音注 **通鑑釋文辯誤十二卷** 〔元〕胡三省撰

元刻明弘治正德嘉靖遞修本(卷一至六配清刻本)

框高21.6釐米，廣14.6釐米。半葉10行，行20字，小字雙行同，細黑口，四周雙邊。新疆大學圖書館藏。入選第四批《國家珍貴古籍名録》，名録號09948。

司馬光(1019—1086)，字君實，號迂夫，陝州夏縣(今屬山西)涑水鄉人，世稱“涑水先生”。北宋仁宗寶元元年(1038)進士，歷任天章閣待制兼侍講、知諫院、龍圖閣直學士、翰林學士、御史中丞等。著有《司馬温公文集》《稽古録》《易説》等。詳《宋史》本傳。

胡三省(1230—1302)，字身之，一字景參，號梅磵。天台(今屬浙江)人。寶祐四年(1256)進士。歷任縣尉、縣令、府學教授。入元隱居不仕。著有《資治通鑑音注》等。

該書乃《通鑑》與《辯誤》合刊。《通鑑》爲一代史學名著。《辯誤》爲胡三省傾力之作，援據精核，對南宋蜀人史炤所作《通鑑釋文》逐一甄别和辯誤，並對史事有所評論，具有重要的參考價值。此本爲元刻明修本，時代較早，頗爲珍貴。

(趙劍鋒)

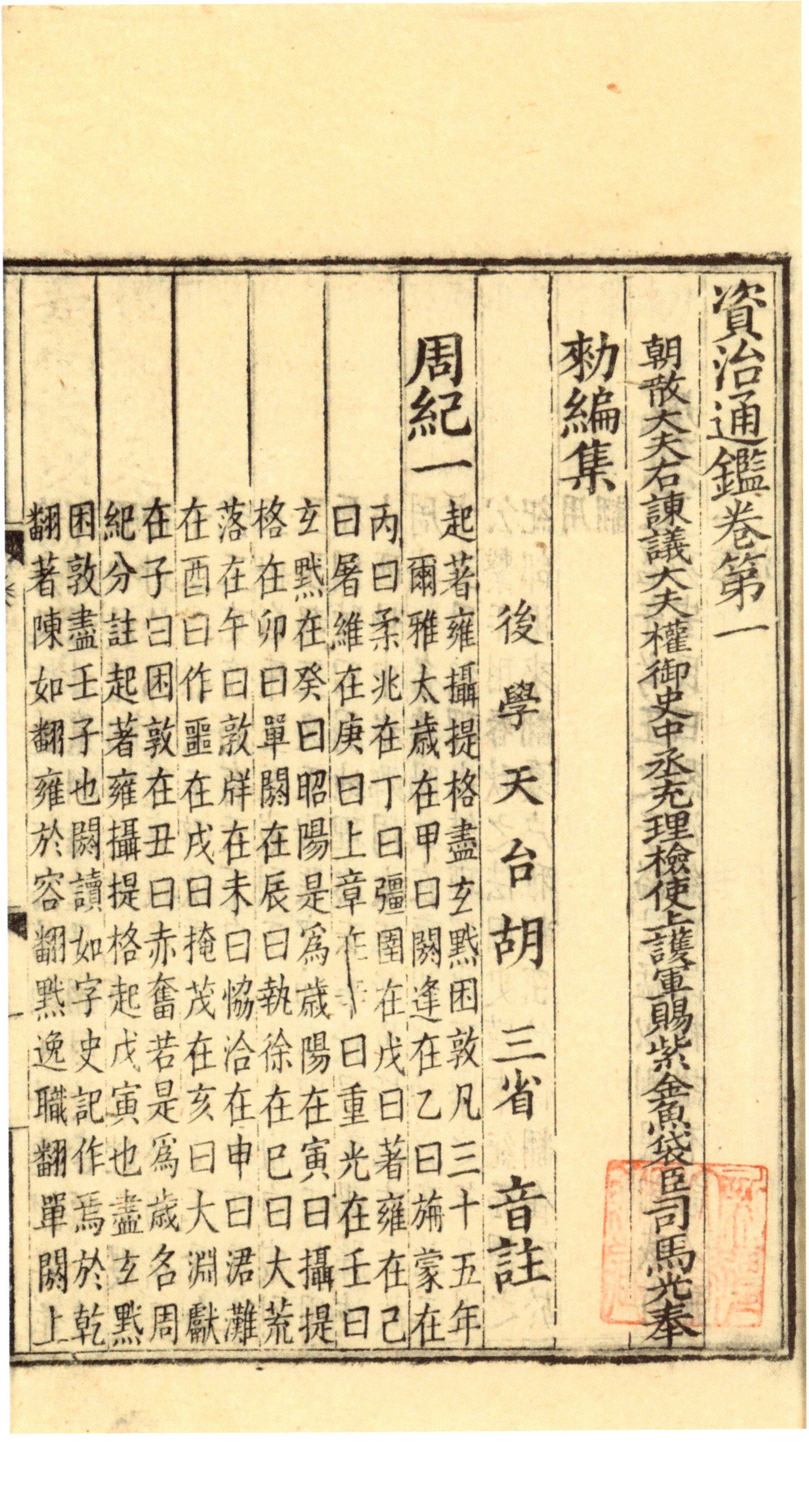

資治通鑑卷第一

朝散大夫右諫議大夫權御史中丞充理檢使上護軍賜紫金魚袋臣司馬光奉

勑編集

後學天台胡 三省 音註

周紀一 起著雍攝提格盡玄黓困敦凡三十五年

爾雅太歲在甲曰閼逢在乙曰旃蒙在丙曰柔兆在丁曰彊圉在戊曰著雍在己曰屠維在庚曰上章在辛曰重光在壬曰玄黓在癸曰昭陽是爲歲陽在寅曰攝提格在卯曰單閼在辰曰執徐在巳曰大荒落在午曰敦牂在未曰協洽在申曰涒灘在酉曰作噩在戌曰掩茂在亥曰大淵獻在子曰困敦在丑曰赤奮若是爲歲名周紀分註起著雍攝提格起戊寅也盡玄黓困敦盡壬子也閼讀如字史記作焉於乾翻著陳如翻雍於容翻黓逸職翻單閼上

10. 資治通鑑綱目五十九卷

〔宋〕朱熹撰

明成化九年（1473）内府刻本

框高27.4釐米，廣18.2釐米。半葉8行，行18字，小字雙行21字，黑口，四周雙邊。中國科學院新疆分院文獻信息中心藏。入選第二批《國家珍貴古籍名録》，名録號03618。

朱熹（1130—1200），南宋著名理學家、思想家、哲學家、教育家、文學家，儒家思想主要代表人物之一。

該書根據司馬光《資治通鑑》及其《目録》《舉要曆》和胡安國的《資治通鑑舉要補遺》等編成，嚴分正閏之際、明辨倫理綱常，行文暗寓褒貶，具春秋筆法。此本爲明内府刻本，刻印精美，開本闊大，保存完整，頗爲珍貴。

（趙劍鋒）

御製資治通鑑綱目序

朕惟朱子通鑑綱目實備春秋經傳之體。明天理。正人倫。褒善貶惡。詞嚴而義精。其有功於天下後世大矣。顧傳刻歲久。閒有缺訛。甚至書法與所著凡例提要。或有不同。是以後人疑焉。有考異考證之作。

資治通鑑綱目終

戊寅

資治通鑑綱目第一

起戊寅周威烈王二十三年　凡百四十八年
盡乙巳周赧王五十九年

周威烈王午二十三年。【秦】簡公十二年。【晉】烈公止十七年。【齊】康公貸二年。【楚】聲王當五年。【燕】閔公二十一年。○【魏】文侯斯二十二年。【趙】烈侯籍六年。【韓】景侯虔六年。皆始爲侯。○【統舊國五】【新國三。凡八大國】

初命晉大夫魏斯趙籍韓虔爲諸侯

司馬公曰天子之職莫大於禮禮莫大於分分莫大於名何謂禮紀綱是也何謂分君臣是也何謂名公侯卿大夫是也夫以四海之廣兆民之衆受制於一人雖有絶倫之力高世之智莫不奔走而服役者豈非以禮爲之綱紀哉故天子統三公三公率諸侯諸侯制卿大夫卿大夫治士庶人貴以臨賤賤以承貴而君臣之分猶

丁卯

十五年秦敗魏師于元里取少梁○魏伐趙圍邯鄲

戊辰

十六年齊伐魏以救趙魏克邯鄲還戰敗績 初孫臏與龐涓俱學兵法涓仕魏爲將軍自以能不及臏乃召之至則斷其足而黥之欲使終身廢棄齊使者至魏臏陰見之使者竊載以歸田忌客之進之威王威王問兵法遂以爲師至是謀救趙以臏爲將辭以刑餘之人不可乃使田忌爲將而孫子爲師居輜車中坐爲計謀忌欲引兵之趙孫子曰夫解雜亂紛糾者不控拳救鬬者不搏撠批亢擣虛形格勢禁則自爲解耳今梁之輕兵銳卒竭於外而老弱疲於內若引兵疾走其都彼必釋趙而自救是我一舉解趙之圍而收弊於魏也忌從之十月邯鄲降魏魏師還與齊戰於桂陵魏師大敗

己巳

韓伐東周取陵觀廩丘

十七年秦伐魏○諸侯圍魏襄陵

庚午

十八年秦伐魏○韓以申不害爲相 申不害者鄭之賤臣也學黃老刑名以干韓昭侯昭侯用以爲相內修政教外應諸侯十五年終申子之身國治兵彊申子嘗請仕其從兄昭侯不許申子有怨色昭侯曰所爲學於子者欲以治國也今將聽子之謁而廢子之術乎已其行子之術而廢子之請乎子嘗教寡人修功勞視次第今有所私請將奚聽乎申子乃辟舍請罪曰君眞其人也昭侯有弊袴命藏之侍者曰君亦不仁者矣不賜左右而藏之昭侯曰吾聞明主愛一嚬一笑嚬有爲嚬笑有爲笑今袴豈特嚬笑哉吾必待有功者

11. 資治通鑑綱目五十九卷

〔宋〕朱熹撰

明成化九年（1473）内府刻本（卷五十、五十二抄配）

框高27.4釐米，廣18.2釐米。半葉8行，行18字，小字雙行21字，黑口，四周雙邊。新疆大學圖書館藏。入選第二批《國家珍貴古籍名録》，名録號03627。

該書經清代山陰藏書家沈復粲收藏。沈復粲（1779—1850），字霞西，號鳴野山房主人。此書版式舒展，書品考究，紙質精良，墨色極佳，字體典雅。鈐有“鳴野山房”“古中都王世雝氏私印”。

（趙劍鋒）

御製資治通鑑綱目序

朕惟朱子通鑑綱目實備春秋經傳之體。明天理。正人倫。褒善貶惡。詞嚴而義精。其有功於天下後世大矣。顧傳刻歲久。間有缺訛。甚至書法與所著凡例提要。或有不同。是以後人疑焉。有考異考證之作。

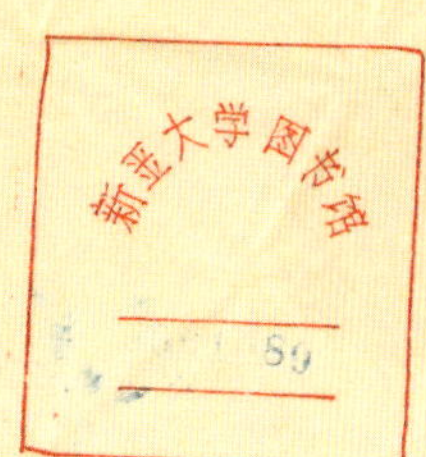

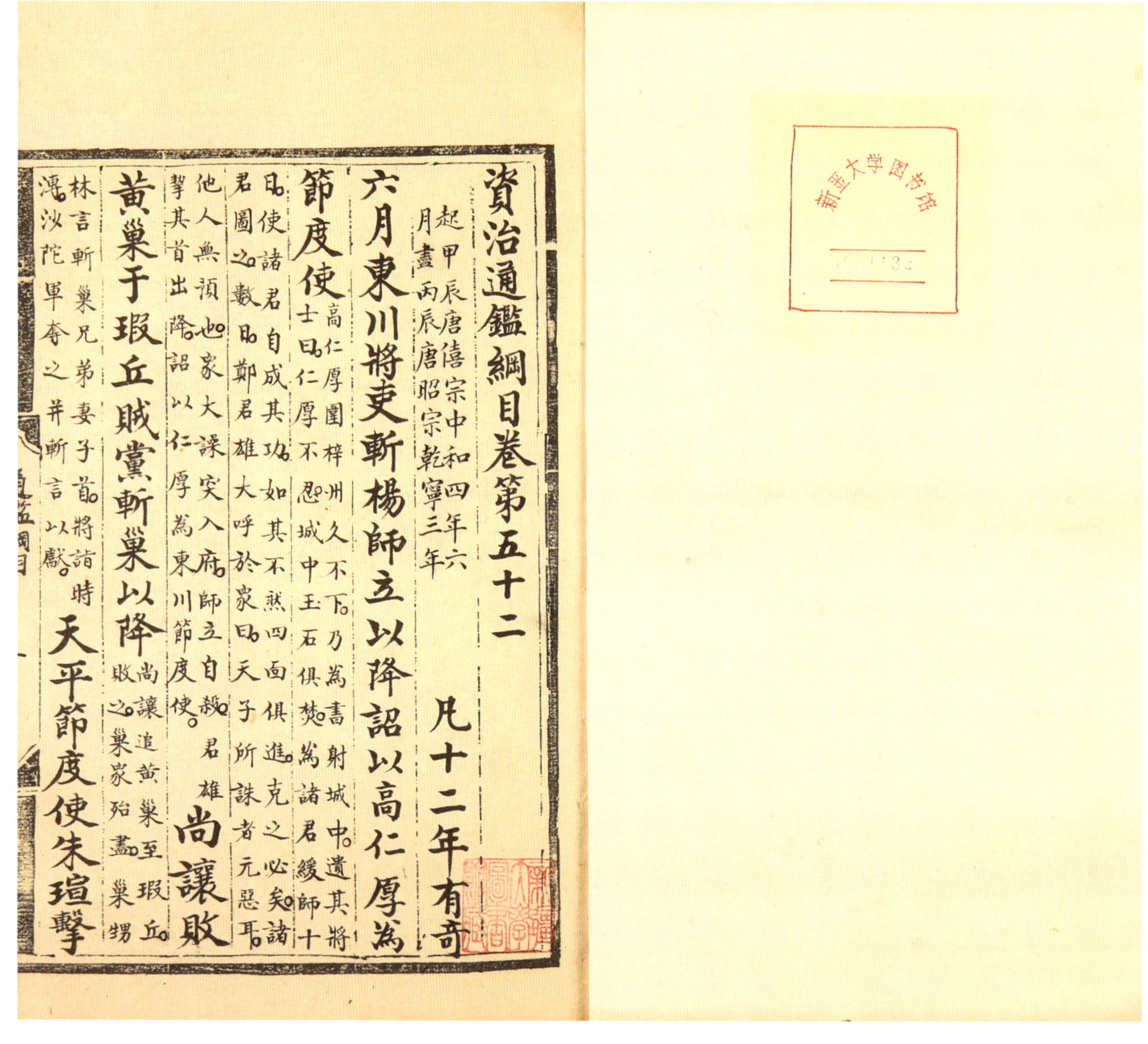

資治通鑑綱目卷第五十二

起甲辰唐僖宗中和四年六月盡丙辰唐昭宗乾寧三年　凡十二年有奇

六月東川將吏斬楊師立以降詔以高仁厚為節度使 高仁厚圍梓州久不下乃為書射城中遺其將士曰仁厚不忍城中玉石俱焚為諸君緩師十日使諸君自成其功如其不然四面俱進克之必矣諸君圖之數日鄭君雄大呼於衆曰天子所誅者元惡耳他人無預也衆大譟突入府師立自殺君雄挈其首出降詔以仁厚為東川節度使

尚讓敗黄巢于瑕丘賊黨斬巢以降 尚讓追黄巢至瑕丘敗之巢家殆盡巢甥林言斬巢兄弟妻子首將詣時溥沙陀軍奪之并斬言以獻

天平節度使朱瑄擊

12. 資治通鑑綱目發明五十九卷

〔宋〕尹起莘撰

明内府刻本

框高27.8釐米，廣18釐米。半葉8行，行18字，小字雙行21字，黑口，四周雙邊。新疆大學圖書館藏。入選第二批《國家珍貴古籍名録》，名録號03642。

尹起莘約生活於南宋寧宗至理宗時，字耕道，號堯庵，遂昌（今屬浙江）人。學問該博，隱居不仕，專事著述。著有《靖逸小集》《四朝聞見録》等。

所謂“發明”，旨在提綱挈領，彰明朱熹《資治通鑑綱目》之書法筆意。起莘序稱：“其間亦有先儒已嘗議論者，則不復述；或雖已有議論而指意不同者，則自以己意附見；又有雖當發明而先後義例相類如一者，亦不重舉。”

此本爲明内府刻本，刻印精良，開本敞闊，保存完好，另附陳濟《正誤》，殊爲珍貴。

（趙劍鋒）

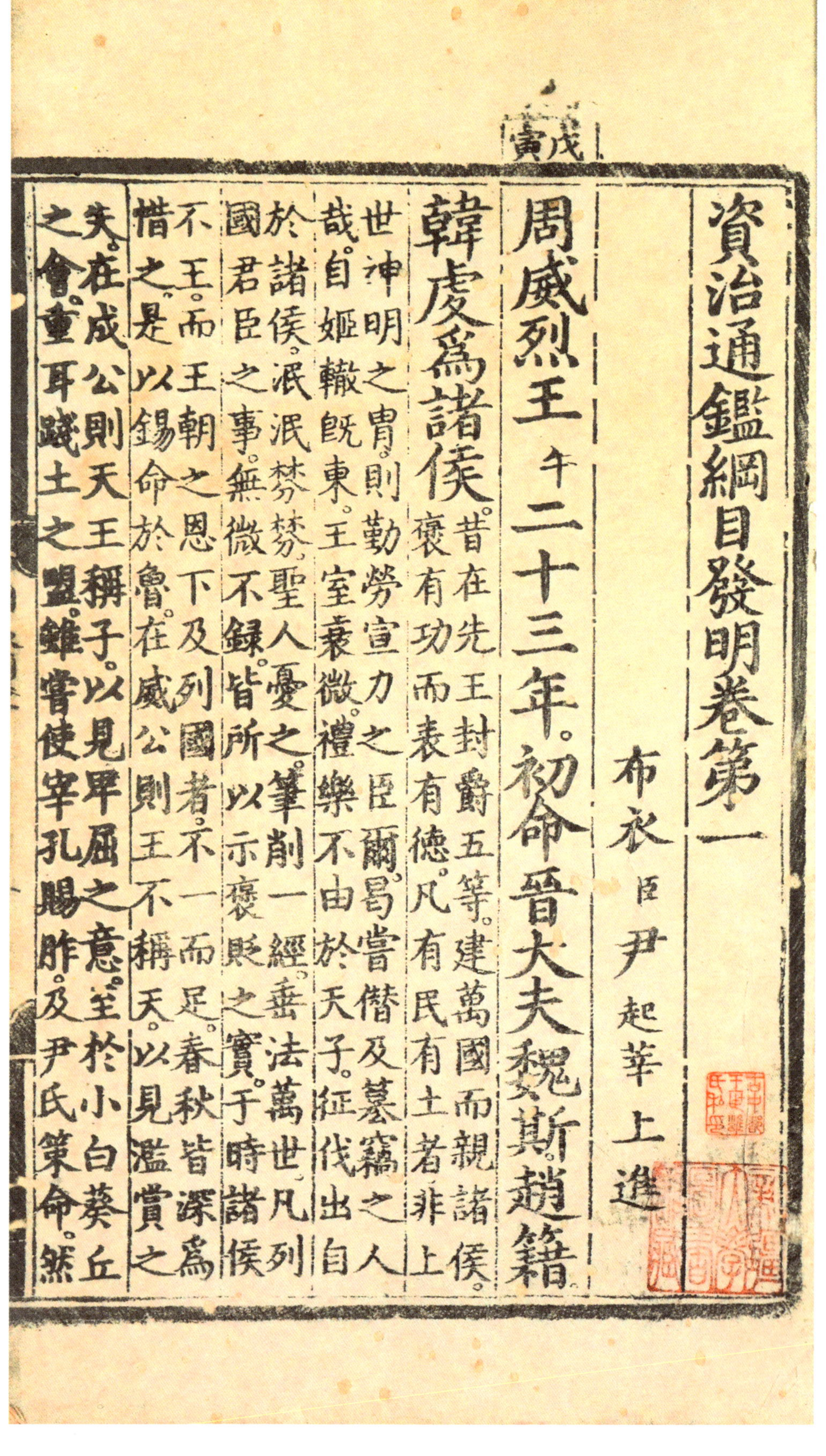

戊寅

資治通鑑綱目發明卷第一

布衣臣尹起莘上進

周威烈王午二十三年。初命晉大夫魏斯趙籍
韓虔爲諸侯。昔在先王封爵五等。建萬國而親諸侯。
褒有功而表有德。凡有民有土者非上
世神明之冑。則勤勞宣力之臣。爾曷嘗僭及覬竊之人
哉。自姬轍既東。王室衰微。禮樂不由於天子。征伐出自
於諸侯。泯泯棼棼。聖人憂之。筆削一經。垂法萬世。凡列
國君臣之事。無微不録。皆所以示褒貶之實。于時諸侯
不王。而王朝之恩下及列國者。不一而足。春秋皆深爲
惜之。是以錫命於魯。在威公則王不稱天。以見濫賞之
失。在成公則天王稱子。以見卑屈之意。至於小白葵丘
之會。重耳踐土之盟。雖嘗使宰孔賜胙。及尹氏策命。然

13. 資治通鑑綱目集覽五十九卷

〔元〕王幼學撰 〔明〕陳濟正誤

明内府刻本

框高27.2釐米，廣18.4釐米。半葉8行，行18字，小字雙行21字，黑口，四周雙邊。新疆大學圖書館藏。入選第二批《國家珍貴古籍名録》，名録號03658。

王幼學，字行卿，元望江（今屬安徽）人，生於宋季，居慈湖。幼罹元兵禍，俘掠至河南，陳氏養以爲子。元世祖至元間，歸慈湖，講學不輟。年九十三卒於家。

陳濟（1364—1424），字伯載，武進（今屬江蘇）人。精通經史，博學多才，人稱“兩脚書櫥”。明永樂中以布衣與修《永樂大典》，爲都總裁。書成，授右春坊右贊善。著有《書傳補》《元史舉要》《思齋集》。

幼學之《集覽》，“編始於大德己亥迄於延祐戊午（1299—1318），積二十（七）年，七易稿而編甫成。以其薈蕞叢集，頗可省覽，因題之曰《通鑑綱目集覽》”（《敘例》）。陳濟之《正誤》成於永樂二十年（1422），楊士奇《通鑑綱目集覽正誤序》稱：“亡友右春坊贊善陳濟伯載爲正其謬誤四百餘事，名曰《集覽正誤》。伯載學博識端，於此書致力勤而歷年多，考據精切，殆無餘憾，有助於《綱目》者也。”

此本爲明内府刻本，開本闊大，白棉紙精印，字口清晰，刻印精良，保存完好。

（趙劍鋒）

資治通鑑綱目集覽敘例

余嘗自恨賦性魯鈍學不迨人歷代陳迹懵懵無知用是伏讀文公通鑑綱目志在涉獵冀可粗通柰其中有假字古文有援引幽邃或句投疑難讀而值之訓故弗明理辭彌蹟未免澄疑繹味鄭重覃思甚至移日通宵竟不會其指要迺重尋古史中請老師雖舉南榮之宿滯冰釋於一旦復

資治通鑑綱目集覽卷第一

周威烈王二十三年。繁纓小物也。而孔子惜之。

左傳。成二年。衛孫桓子與齊師戰。衛將敗。新築大夫仲叔于奚救桓子。是以免。既。衛賞之以邑。辭。請繁纓以朝。許之。仲尼聞之。曰。惜也。惟器與名不可以假人。注。繁纓馬飾。皆諸侯之服也。器。謂車服。名。謂爵號。繁。步干反。字與樊通。禮。巾車樊纓。注。樊。讀如鞶帶之鞶。今馬大帶也。纓。當胸。以削革爲之。

六卿 春秋晉有智氏趙氏。韓氏。魏氏。范氏。中行氏。號六卿。後晉君失政。六卿專權。貞定王十一年。智趙韓魏共滅范中行而分其地。十六年。趙韓魏又共滅智氏而分其地。安王二十六年。三家共廢晉君而分其地。

三家 即趙韓魏也。號爲三晉。正誤。三家。指魯大夫孟孫叔孫季孫之家。趙韓魏已在六卿中。不應複舉。

晉陽 地理

14. 續資治通鑑綱目二十七卷

〔明〕商輅等撰

明成化十二年（1476）内府刻本

框高27.3釐米，廣17.7釐米。半葉8行，行18字，小字雙行21字，黑口，四周雙邊。新疆大學圖書館藏。入選第二批《國家珍貴古籍名録》，名録號03690。

商輅（1414—1486），明正統十年（1445）進士，歷任兵部尚書、户部尚書、太子少保、吏部尚書、謹身殿大學士。此書續接朱熹《通鑑綱目》，記事起宋太祖建隆元年迄元順帝至正二十七年（960—1367），分二十七卷，是明代一部重要官修史書。該書前有明成化十二年（1476）明憲宗朱見深序、進續資治通鑑綱目表。

（趙劍鋒）

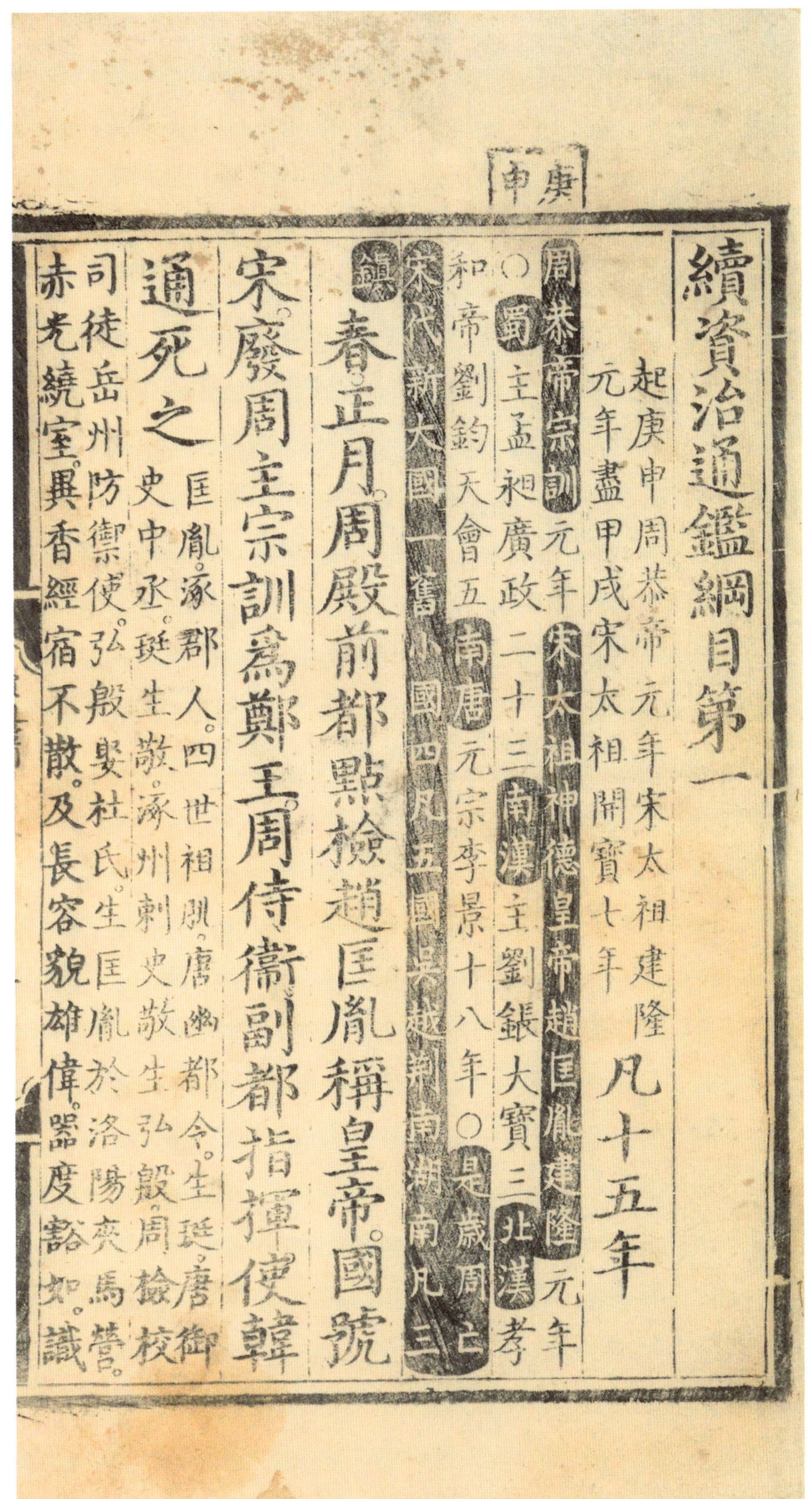

庚申

續資治通鑑綱目第一

起庚申周恭帝元年宋太祖建隆元年盡甲戌宋太祖開寶七年凡十五年

周恭帝宗訓元年宋太祖神德皇帝趙匡胤建隆元年○蜀主孟昶廣政二十三南漢主劉鋹大寶三北漢孝和帝劉鈞天會五南唐元宗李景十八年○是歲周亡宋代新大國一舊小國四凡五國吳越荊南湖南凡三鎮

春正月周殿前都點檢趙匡胤稱皇帝國號宋廢周主宗訓爲鄭王周侍衛副都指揮使韓通死之

匡胤涿郡人四世祖朓唐幽都令生珽唐御史中丞珽生敬涿州刺史敬生弘殷周檢校司徒岳州防禦使弘殷娶杜氏生匡胤於洛陽夾馬營赤光繞室異香經宿不散及長容貌雄偉器度豁如識

15. 晋陽秋

東晋十六國寫本

卷軸裝。高25釐米，長120釐米。殘爲多件，存86行。烏絲欄。1972年吐魯番阿斯塔那151號麴氏高昌國墓出土。新疆維吾爾自治區博物館藏。入選第三批《國家珍貴古籍名録》，名録號06968。

《晋陽秋》係東晋孫盛撰，該書記述兩晋史事，但已亡佚。該寫本紙質柔軟，前後殘損，書題亦缺，存約1000餘字。字跡工整，書法隸意明顯，頗具時代風格。

（新疆維吾爾自治區博物館）

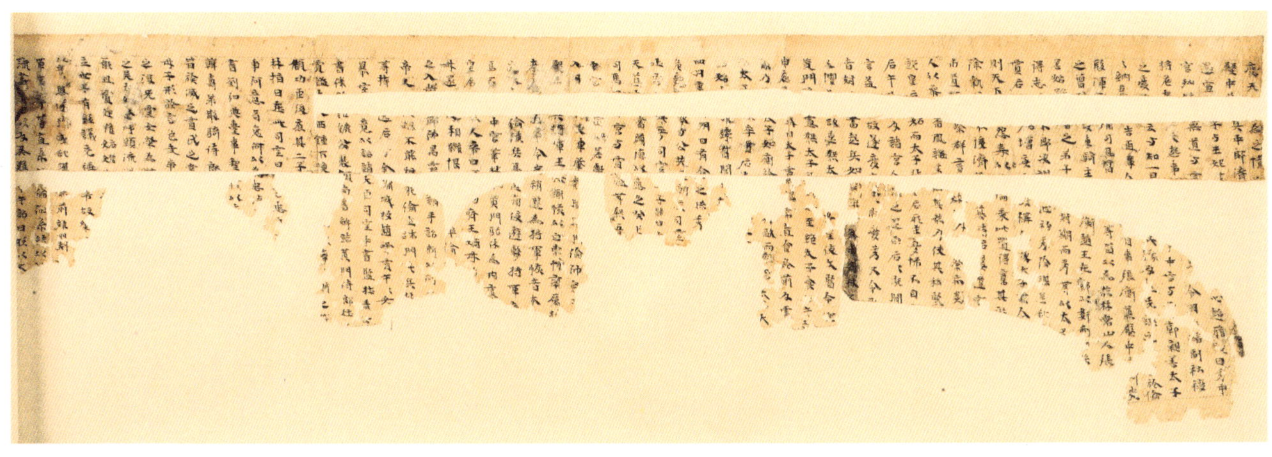

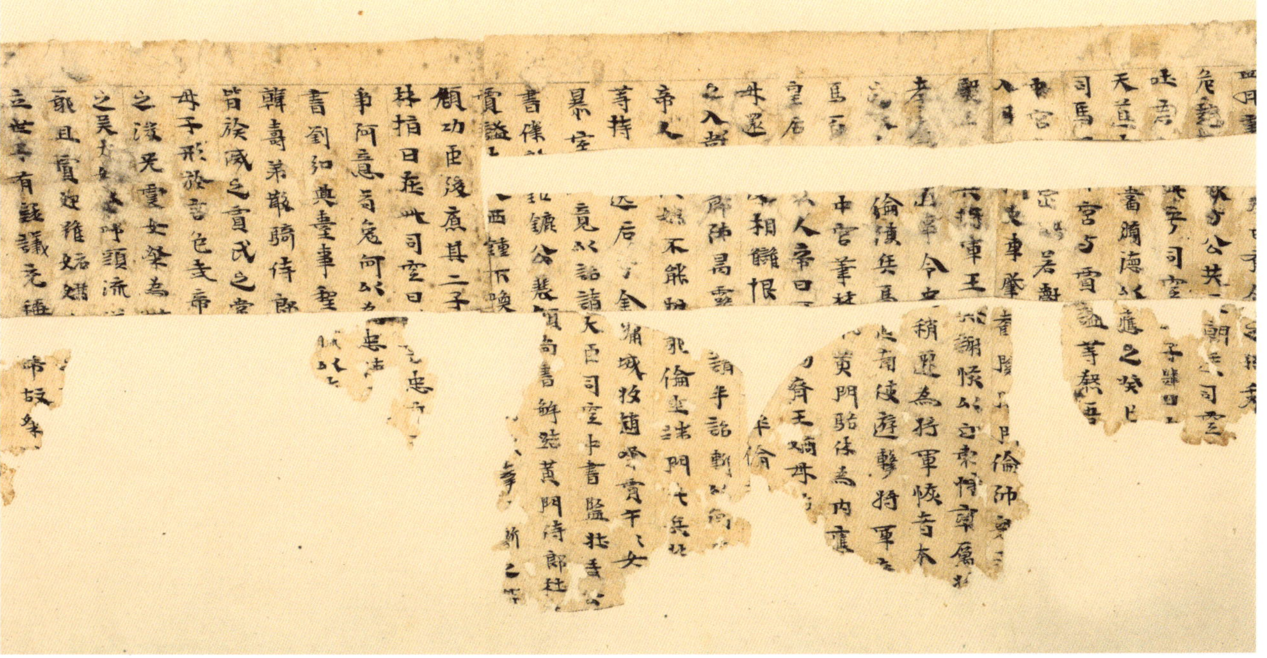

16. 郭毡醜勳告身

唐寫本

長118釐米。存35行，行字不等。1965年吐魯番阿斯塔那346號墓出土。吐魯番博物館藏。入選第四批《國家珍貴古籍名録》，名録號09913。

此寫本爲唐乾封二年（667）頒發給郭毡醜的勳告的抄件，記録了他參與當時幾大戰役的功績。

（吐魯番博物館）

諸道雜勳

瓜海道沙澤渾繳山欽渾東陸陵山領渾並著勳

各加三轉惣玖轉

西州募人郭毡醜

右可護軍

東臺右威衛渭源府果毅都尉

朱小安等並志懷壯果業苞戎藝

或北折淳維或南集瀚側功勳久

着賞冊宜隆可依前件主者施

行

乾封二年二月廿二日

17. 文獻通考三百四十八卷

〔元〕馬端臨撰

明正德十一至十四年（1516—1519）劉洪慎獨齋刻本

框高19.3釐米，廣12.2釐米。半葉12行，行25字，小字雙行同，細黑口，四周雙邊。新疆大學圖書館藏。入選第四批《國家珍貴古籍名録》，名録號10339。

馬端臨（1254—1323），字貴與，號竹洲，饒州樂平（今屬江西）人。宋宰相馬廷鸞子。從學於曹涇，咸淳九年（1273）舉漕試第一。元至元間任慈湖書院山長，後歸教於鄉。延祐五年（1318）復起爲柯山書院山長，至治三年（1323）遷台州路儒學教授，尋引年歸。端臨博覽群書，學問淹洽，所著除《文獻通考》外，《多識録》《義根墨守》《大學集傳》等俱佚。

《文獻通考》成書於元成宗大德十一年（1307），記載上古至宋寧宗時的典章制度沿革，計有田賦、錢幣、户口、職役等二十四考，門類較杜佑《通典》詳盡，其中經籍至物異等五門係新創。

慎獨齋爲明弘治、正德間建陽人劉洪及其後嗣書坊名，其刊刻諸書以校勘精良、字畫古雅而爲學者所重。葉德輝《書林清話》曾評價此本曰："至正德時，慎獨齋本《文獻通考》細字本，遠勝元人舊刻。"此本視宋、元版刻，雖顯版式較狹，行數過密，然以之與一般明版相較，則又字體尚雅，不沾匠氣。鈐有"雲深無雁影""雞聲茅店月""風月平章"等印。

（趙劍鋒）

進文獻通考表

下所行言臣於延祐四年七月恭奉

聖旨賜驛傳令臣齎行尋訪道行之士者臣竊謂斯

旨賢非

已而莫致

信道必簡冊之是稽爰竭愚衷用于

必欽惟

皇帝陛下

勵精圖治

虛己行人

一視同仁

若神堯之御下

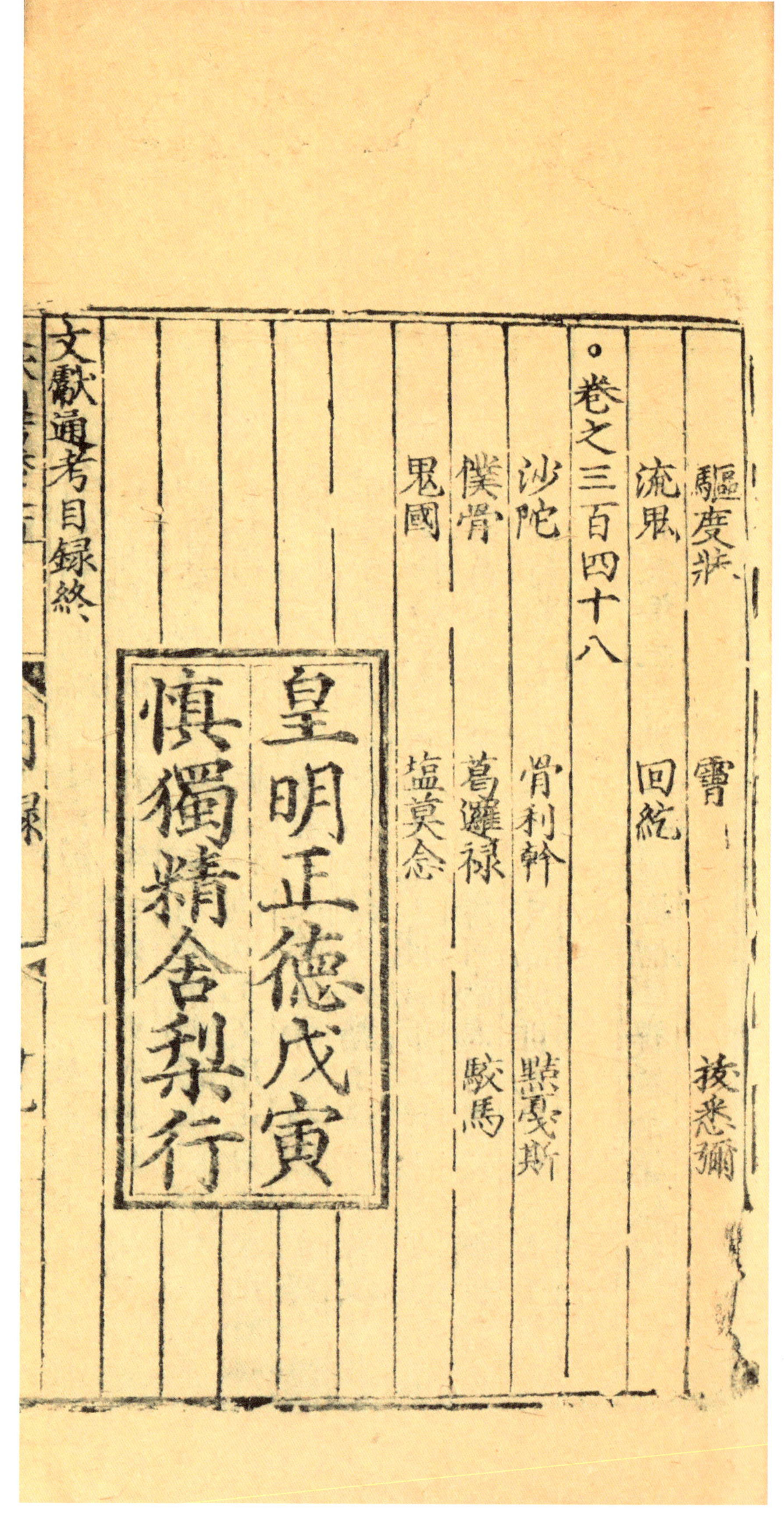

驅度寐　霫　拔悉彌
流鬼　回紇
•卷之三百四十八
沙陀　骨利幹　黠戛斯
僕骨　葛邏祿　駮馬
鬼國　塩莫念

皇明正德戊寅
慎獨精舍梓行

文獻通考目録終

文獻通考卷之一

鄱陽 馬端臨 貴與 著述

東陽 邵鏓 宗周 校刊

田賦考

堯遭洪水天下分絕使禹平水土別九州冀州厥土白壤（無塊曰壤）厥
田惟中中（田第五）厥賦上上錯（賦第一錯謂雜出第二之賦）兗州厥土黑墳（色黑而墳
起）厥田惟中下（第六）厥賦貞（貞正也州第九賦正與九相當）作十有三載乃同（治水十三
年乃有賦法與他州同）青州厥土白墳厥田惟上下（第三）厥賦中上（第四）徐州厥
土赤埴墳（土黏曰埴）厥田惟上中（第二）厥賦中中（第五）揚州厥土惟塗泥（地泉
濕）厥田惟下下（第九）厥賦下上上錯（第七雜出第六）荊州厥土惟塗泥厥田
惟下中（第八）厥賦上下（第三）豫州厥土惟壤下土墳壚（高者壤下者壚壚疏也）厥
田惟中上（第四）厥賦錯上中（第二雜出第一）梁州厥土青黎（色青黑沃壤也）厥田惟

18. 文獻通考三百四十八卷

〔元〕馬端臨撰

明正德十一至十四年（1516—1519）劉洪慎獨齋刻十六年（1521）重修本

框高19.5釐米，廣13釐米。半葉12行，行25字，小字雙行同，細黑口，四周雙邊。中國科學院新疆分院文獻信息中心藏。入選第二批《國家珍貴古籍名録》，名録號04251。

末有明正德十六年（1521）重修牌記。鈐有“潛廬藏過”“崇雅堂藏書”“蘗樵”“潛江甘鵬雲蘗樵收臧書籍章”等印。

（趙劍鋒）

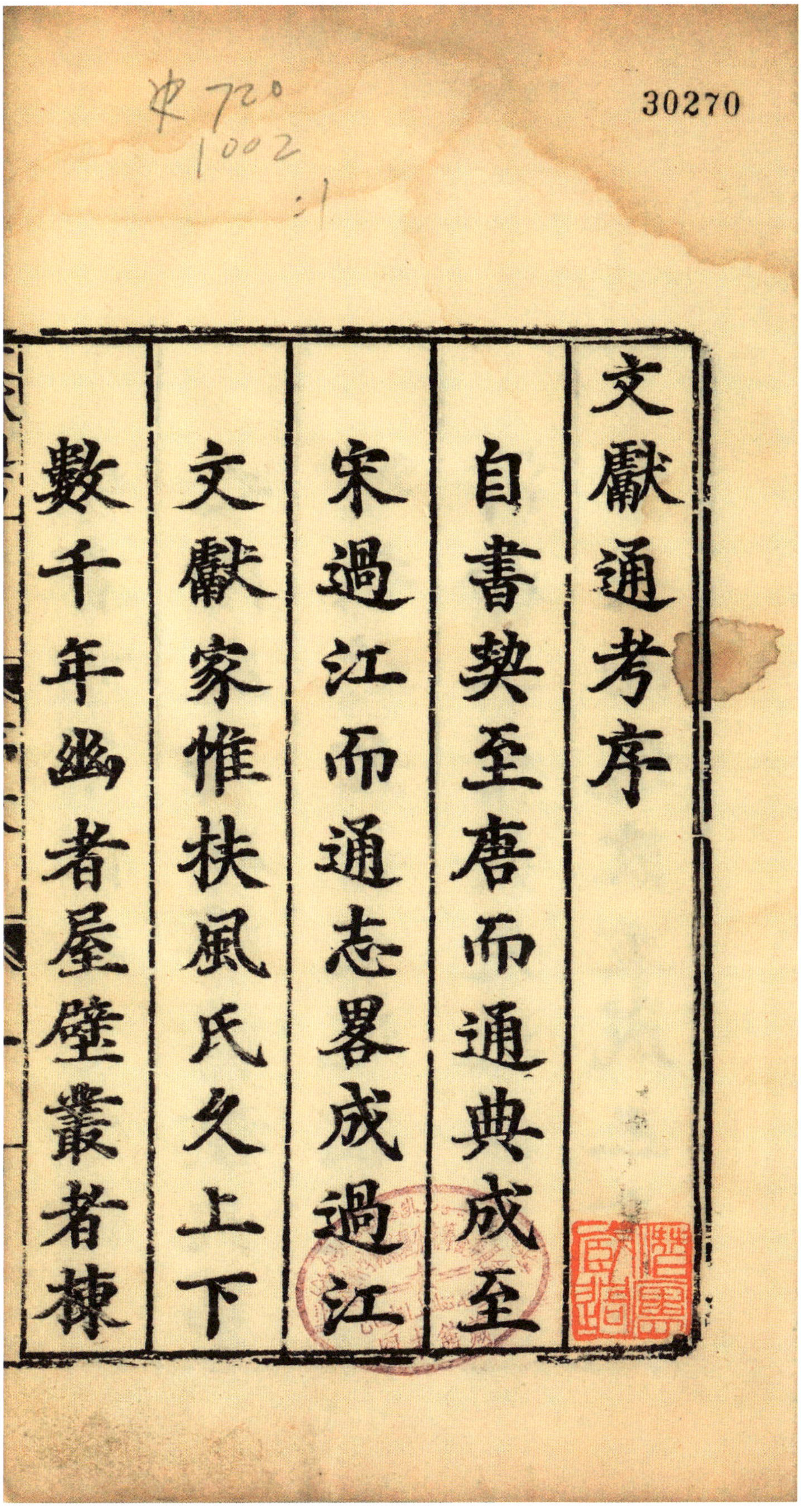

文獻通考序

自書契至唐而通典成至宋過江而通志畧成過江文獻家惟扶風氏久上下數千年幽者屋壁叢者棟

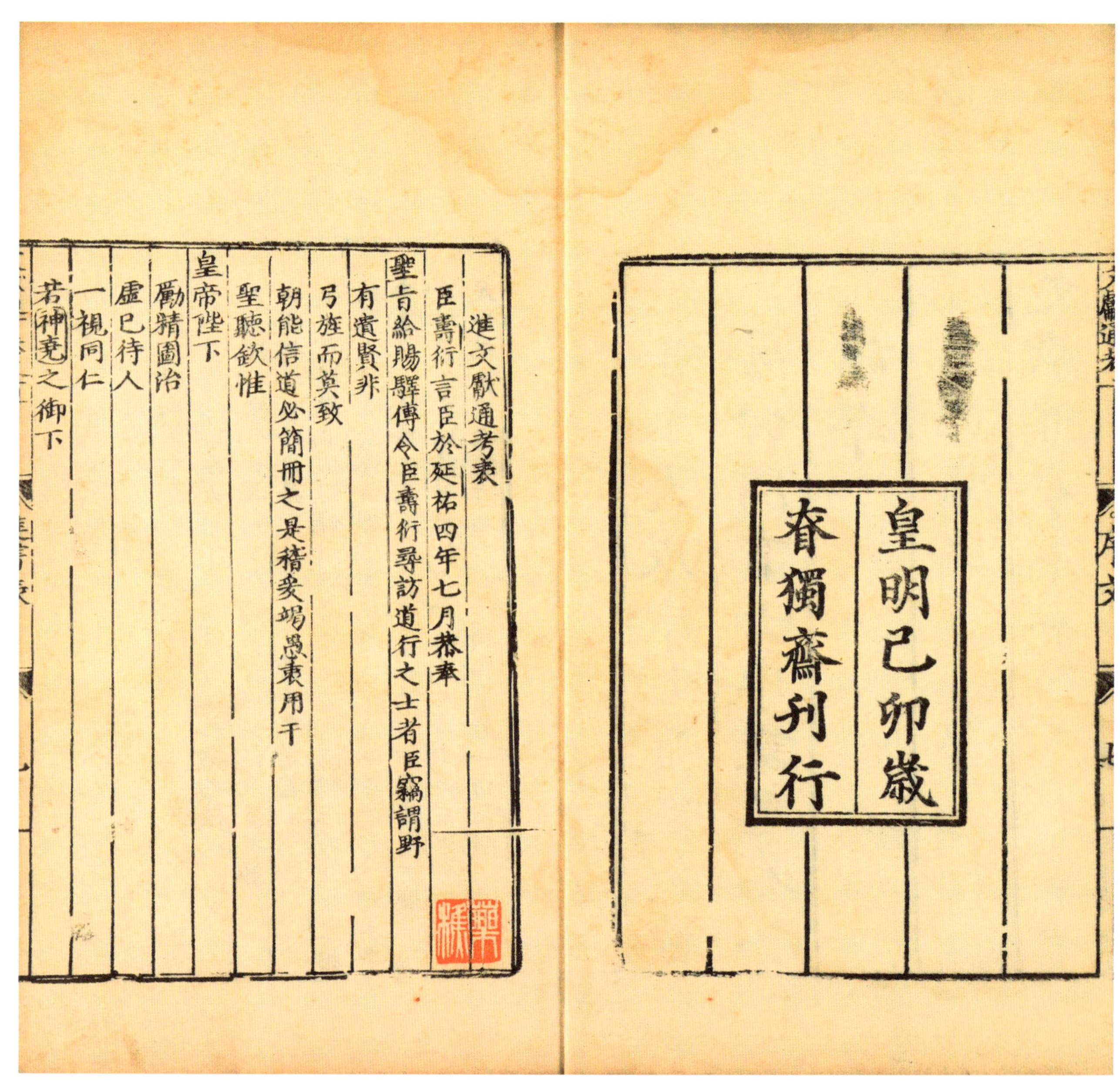

驅度寐　霫　拔悉獼

流鬼　回紇

◦卷之三百四十八

沙陀　骨利幹　黠戛斯

僕骨　葛邏祿　駮馬

鬼國　鹽莫念

皇明正德戊寅
慎獨精舍梨行

文獻通考目録終

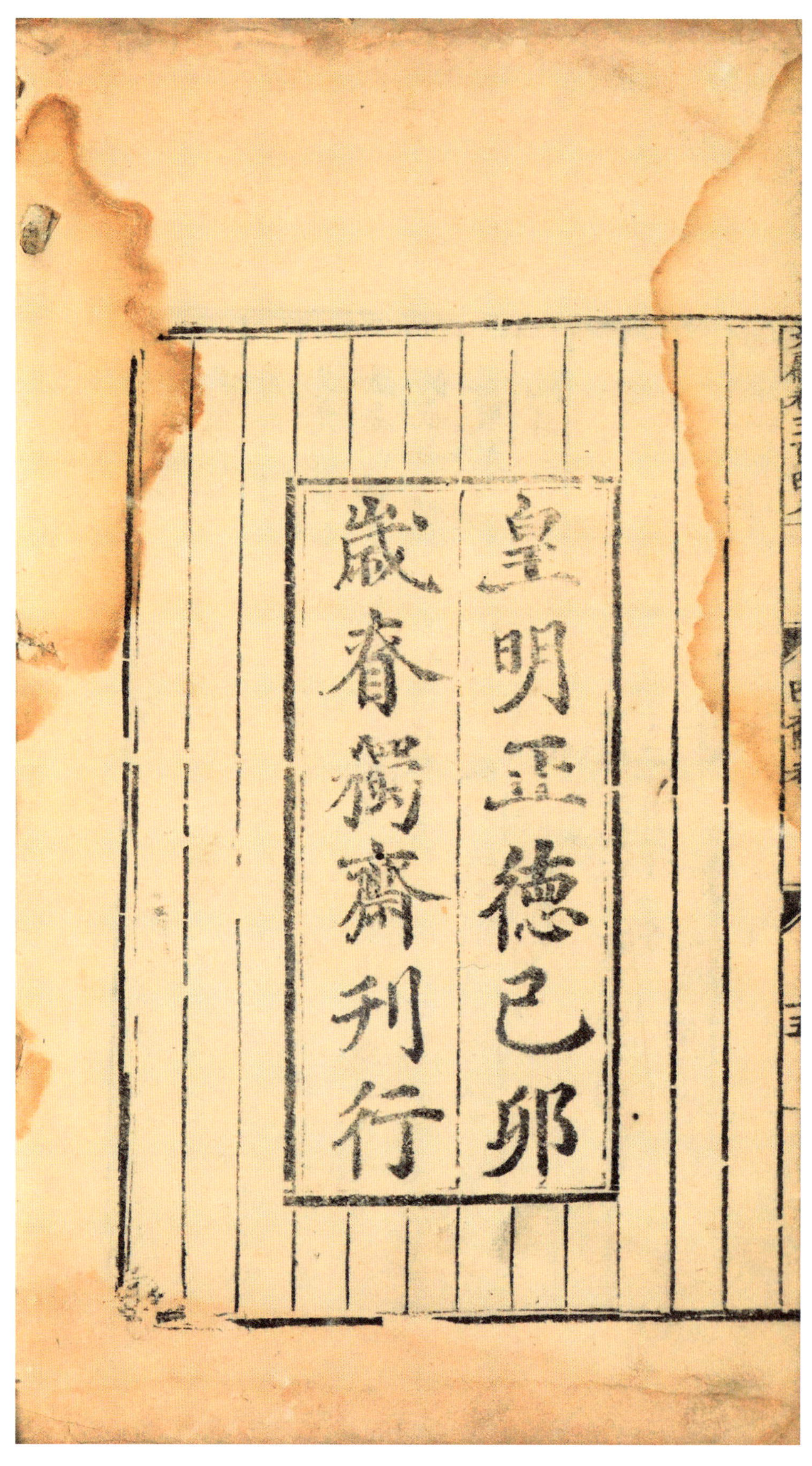
皇明正德己卯
歲春獨齋刊行

文獻通考發端卷之首

自序

鄱陽 馬端臨貴與著

昔荀卿子曰欲觀聖王之跡則於其粲然者矣後王是也君子審後王之道而論於百王之前若端拜而議然則考制度審憲章博聞而強識之固通儒事也詩書春秋之後惟太史公號稱良史作為紀傳書表紀傳以述理亂興衰八書以述典章經制後之執筆操簡牘者卒不易其體然自班孟堅而後斷代為史無會通因仍之道讀者病之至司馬溫公作通鑑取千三百餘年之事跡十七史之紀述萃為一書然後學者開卷之餘古今咸在然公之書詳於理亂興衰而略於典章經制非公之智有所不逮也編簡浩如煙埃著述自有體要其勢不能以兩得也竊嘗以為理亂興衰不

19. 文獻通考三百四十八卷

〔元〕馬端臨撰

明嘉靖三年（1524）司禮監刻本

框高25.6釐米，廣17.7釐米。半葉10行，行20字，小字雙行同，黑口，四周雙邊。新疆大學圖書館藏。入選第一批《國家珍貴古籍名録》，名録號01608。

鈐有“表章經史之寶”“廣運之寶”印。

（趙劍鋒）

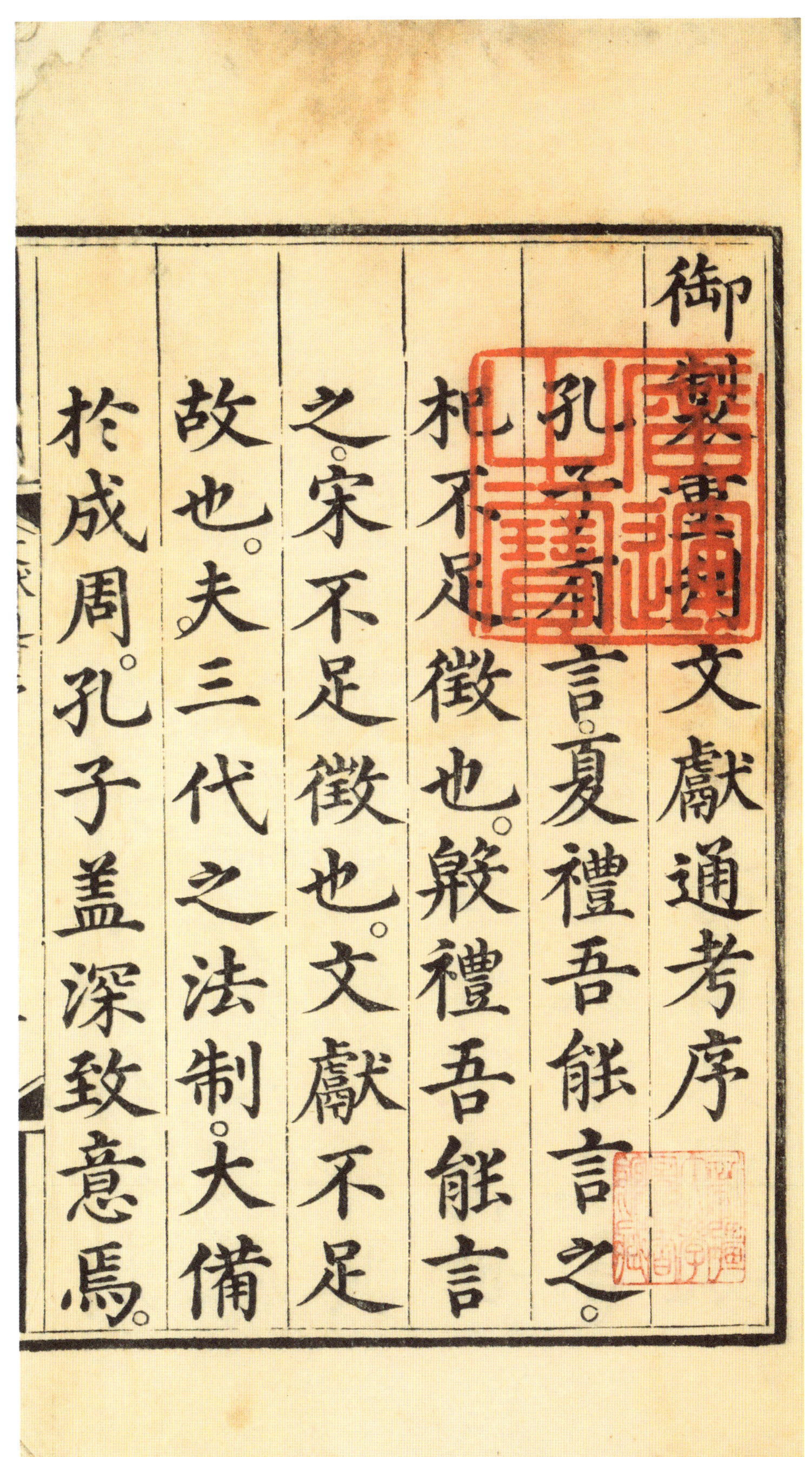

御製文獻通考序

孔子有言。夏禮吾能言之。杞不足徵也。殷禮吾能言之。宋不足徵也。文獻不足故也。夫三代之法制。大備於成周。孔子蓋深致意焉。

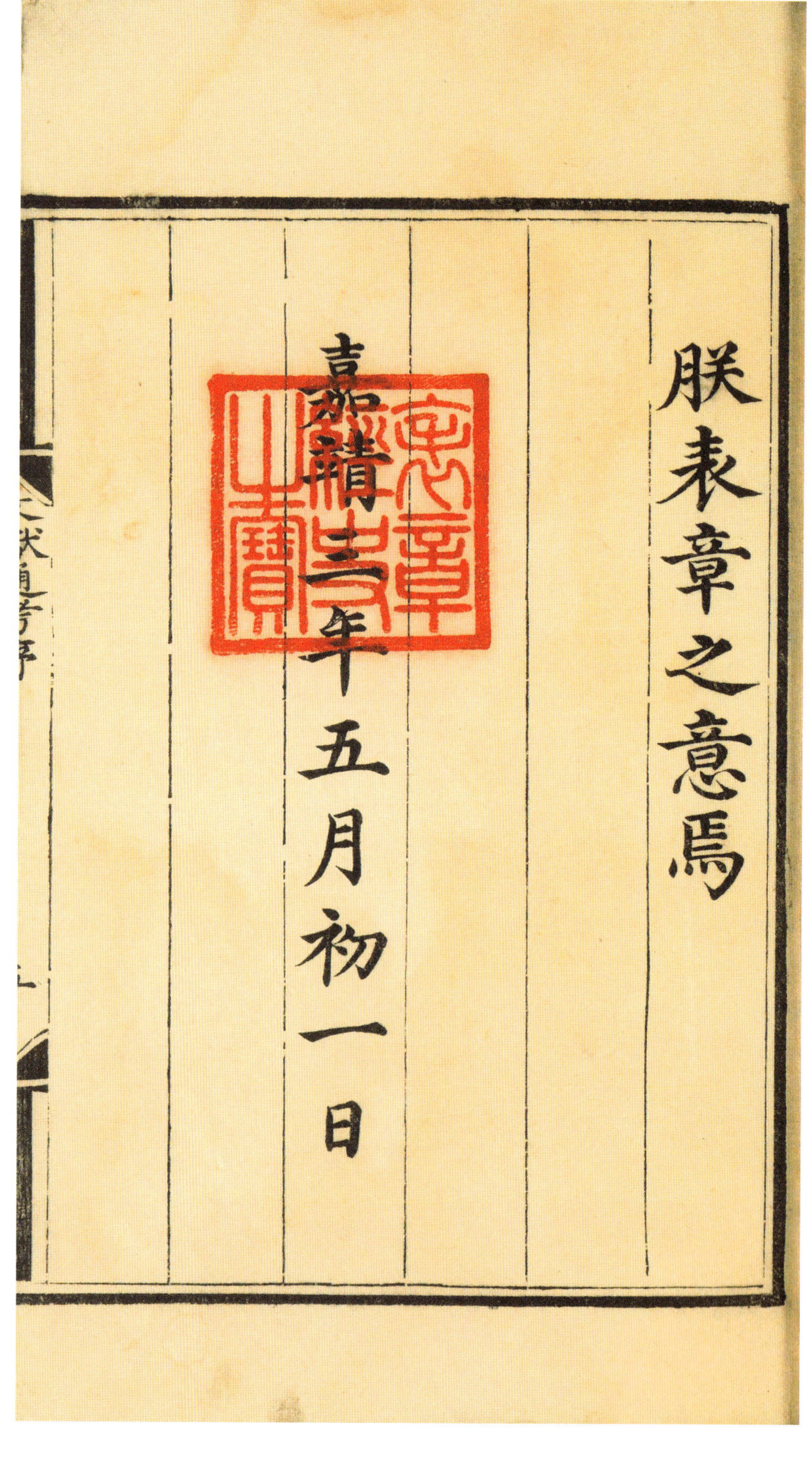
朕表章之意焉

嘉慶十三年五月初一日

文獻通考卷之二

鄱陽 馬端臨 貴與 著

田賦考

堯遭洪水，天下分絕。使禹平水土，別九州。冀州厥土白壤。（無塊曰壤）厥田惟中中。（田第五）厥賦上上錯。（賦第一，錯謂雜出第二之賦）兗州厥土黑墳。（色黑而墳起）厥田惟中下。（第六）厥賦貞。（貞，正也。州第九，賦正與九相當）作十有三載乃同。（治水十三年，乃有賦法與他州同）青州厥土白墳。厥田惟上下。（第三）厥賦中上。（第四）徐州厥土赤埴墳。（土黏曰埴）厥田惟上中。（第二）厥賦中中。（第五）揚州厥土惟塗泥。（地泉濕）厥田惟下下。（第九）厥賦下上上錯。（第七雜出

20. 北涼緣禾五年民杜犢辭

北涼緣禾五年（436）寫本

高24.3釐米，長19.5釐米。存6行，行字不等。烏絲欄。1979年吐魯番阿斯塔那382號古墓出土。吐魯番博物館藏。入選第四批《國家珍貴古籍名録》，名録號09914。

此寫本爲馬頭杜犢養馬匹呈辭。此件文書記録了“緣禾五年”，證實了北涼沮渠氏政權的年號及概況，揭示了北涼沮渠氏政權統治高昌時期民間社會經濟關係。

（吐魯番博物館）

緣兵重、去年四月民杜、債譯債
有賞七十八斛，自各馬一頭，宗、相
有賞十六斛，在、債一馬，善身所
自來、去前十月內，胡賊去、後
明告債私、和義善有賞義身
[illegible]已一私馬之宗因義系書說、[illegible]

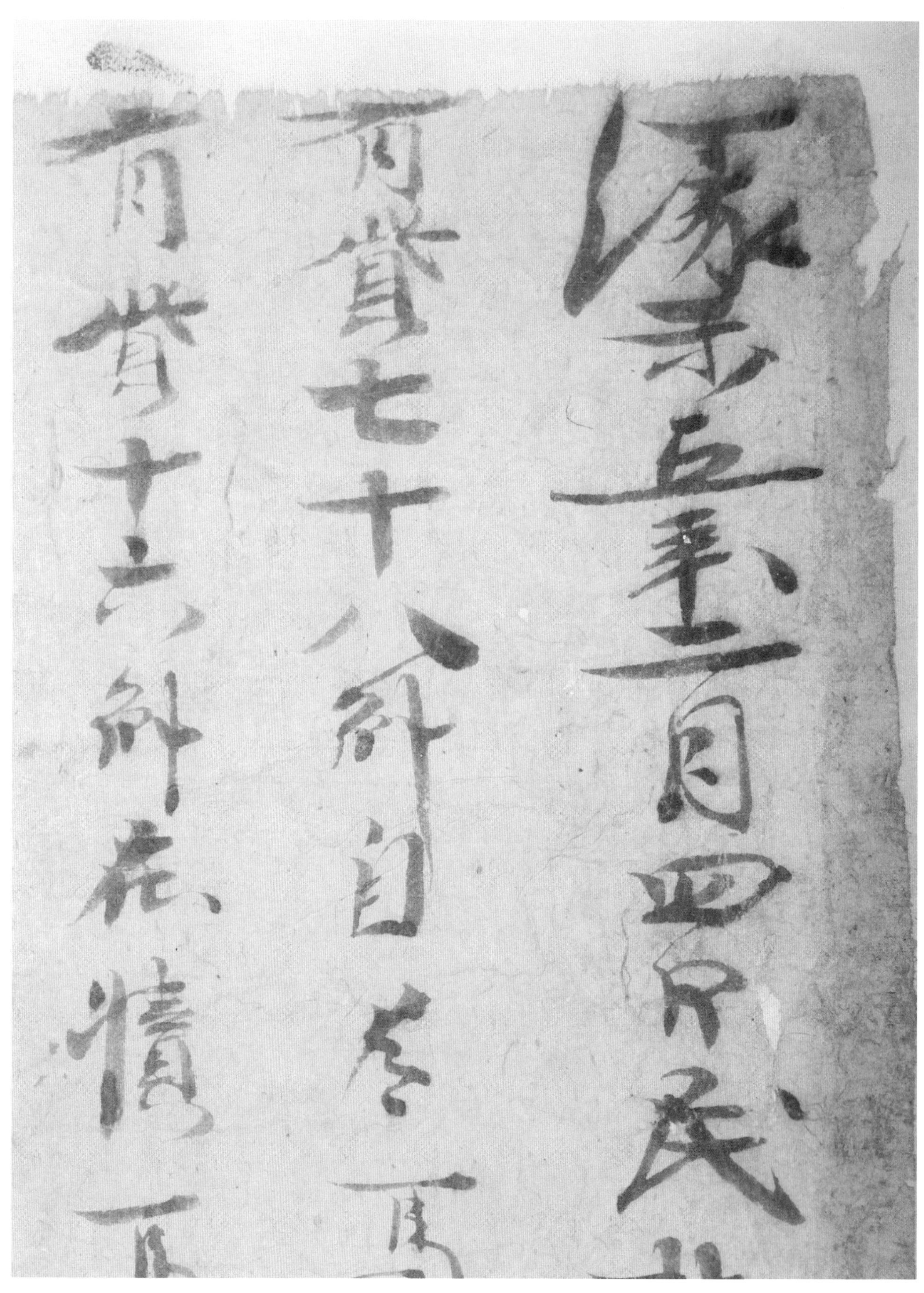

21. 唐律疏義·名例律

〔唐〕長孫無忌等撰

唐寫本

卷軸裝。高約29釐米，殘爲多段，每段長度不等，存41行。1959年吐魯番阿斯塔那532號墓出土。新疆維吾爾自治區博物館藏。入選第二批《國家珍貴古籍名録》，名録號02543。

此寫本内容爲《律疏》卷六"名例"中"稱日年"、"稱衆謀"與"稱加減"條之各一部分。在第9、10行和29至31行中部分鈐有"西州都督府之印"朱印。雖是殘卷，仍可看出律文和今傳本有顯著差異，在版本和内容研究上極爲重要。

（新疆維吾爾自治區博物館）

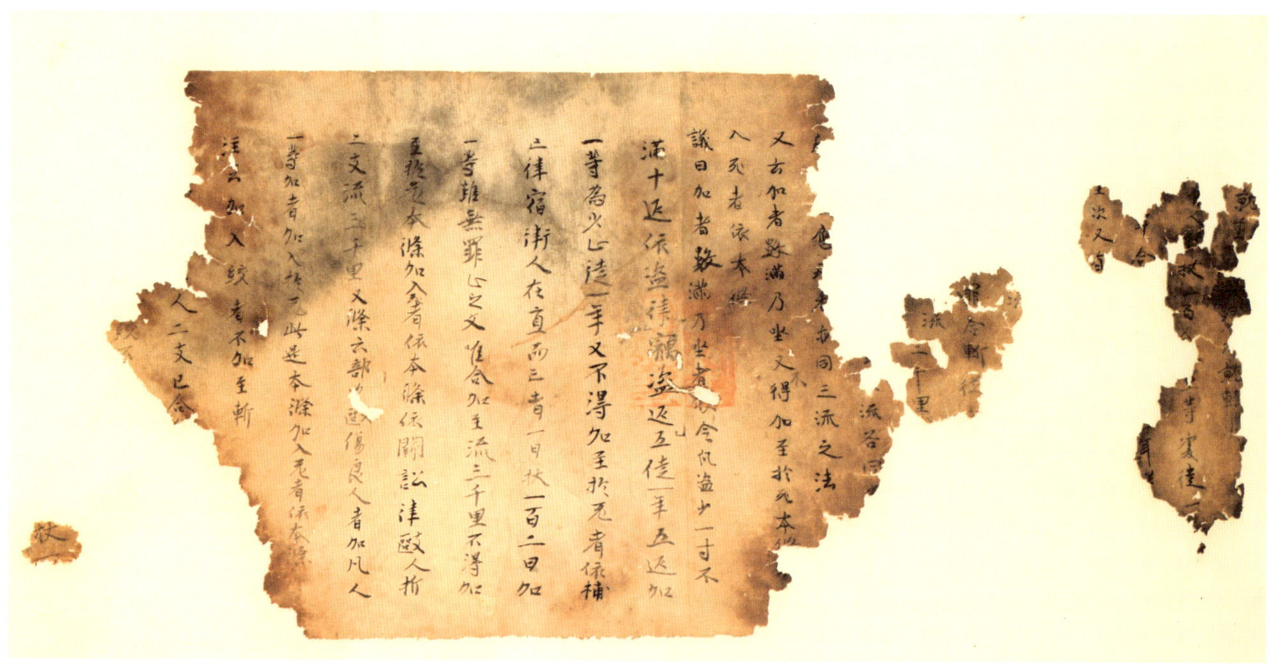

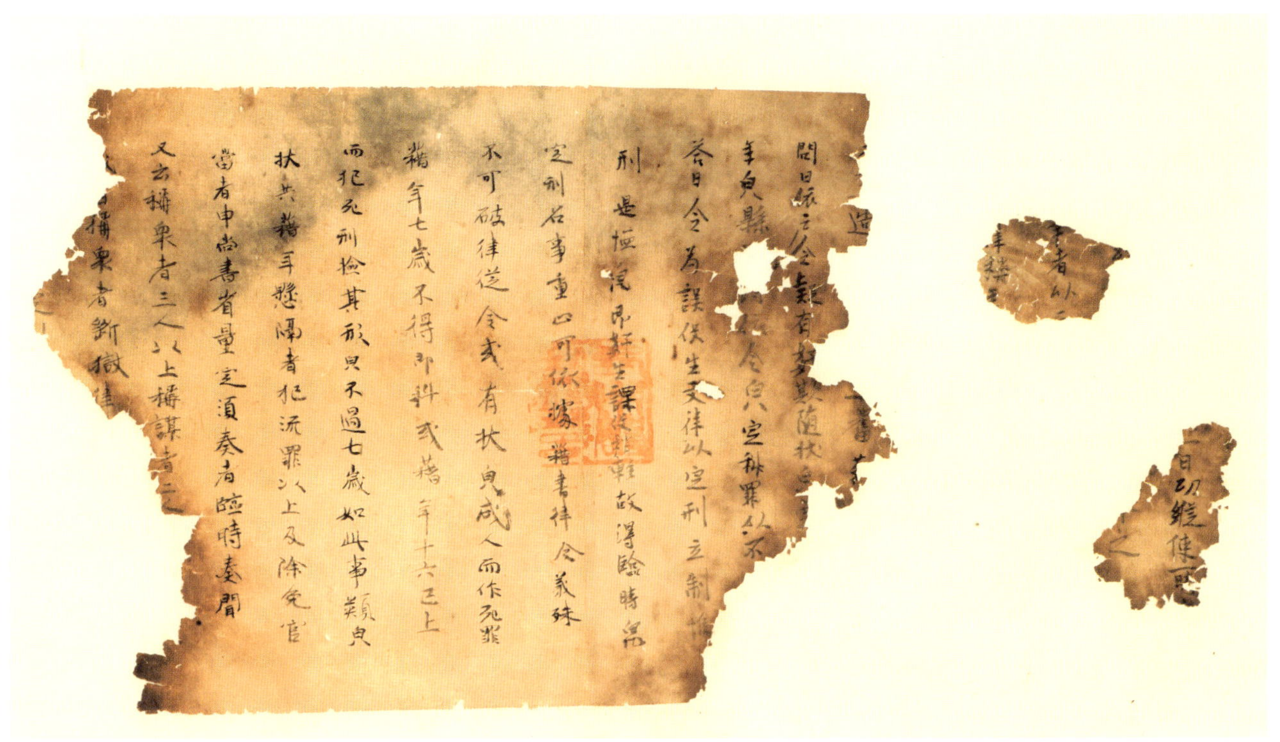

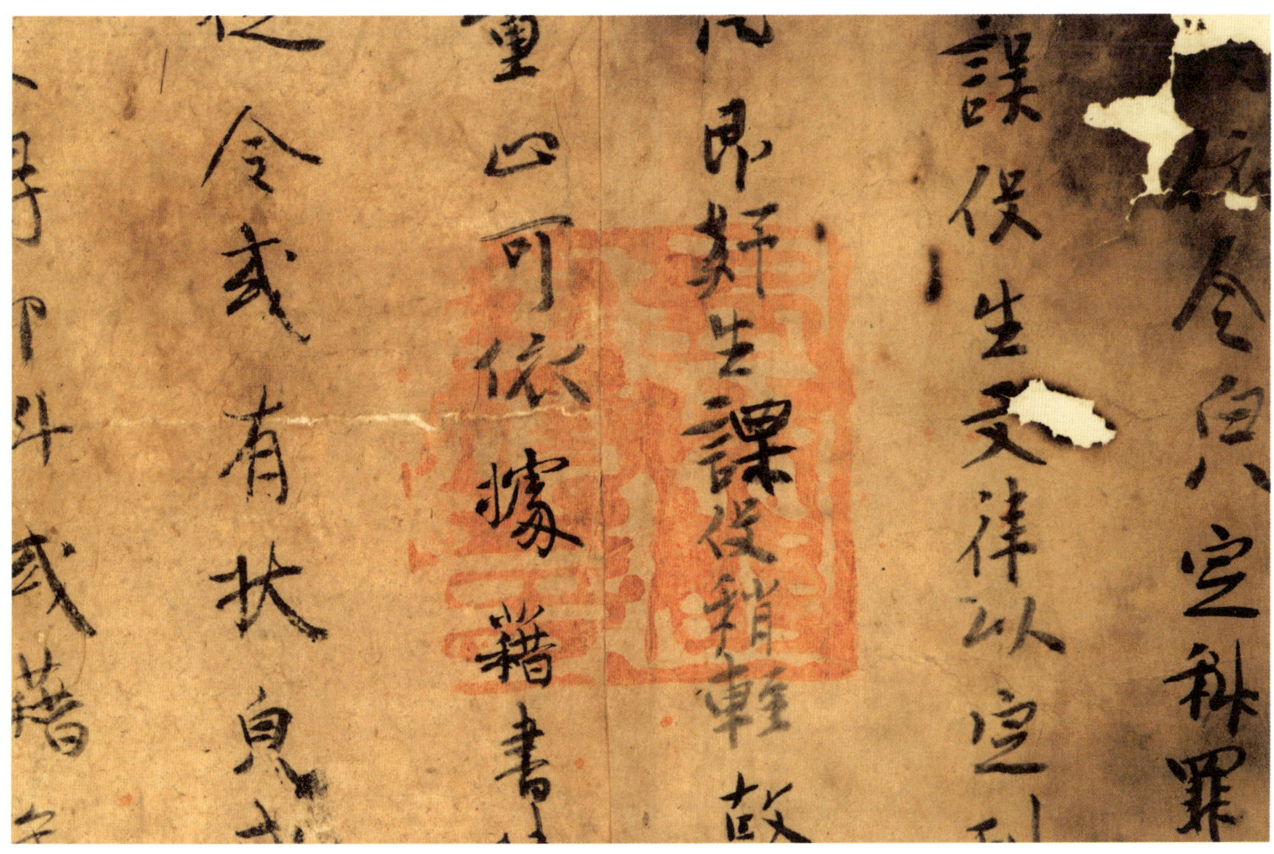

22. 閑闢録十卷

〔明〕程曈撰

明嘉靖四十三年（1564）程纘洛刻本

框高17.6釐米，廣13.1釐米。半葉9行，行18字，小字雙行同，白口，左右雙邊。新疆大學圖書館藏。入選第四批《國家珍貴古籍名録》，名録號10399。

程曈（1480？—1560？）字啓皦，號莪山，休寧（今屬安徽）人。弱冠棄舉子業，潛心於“涵養致知之學”，於六經性理之要莫不研精覃思。著有《陽明傳習録考》《朱子晚年定論考》等。事蹟詳《[道光]休寧縣志》卷十二。

該書共十卷，主要闡述“朱陸異同”，在新安理學發展史上具有承前啓後的重要意義。前九卷編録朱熹辨正異學之語録以批駁陸九淵、王守仁學説，卷十雜取宋以下諸家對朱熹和陸九淵的評論，門户之見甚深，詞語激烈。《四庫全書總目》云：“殊非儒者氣象。與陳建《學蔀通辨》均謂之善罵可也。”

此本槧刻清晰，保存完整，由程曈之子程纘洛刻印，爲程氏家刻本，是此書現存最早刻本。全書多處墨丁，卷末有程纘洛撰《刻閑闢録後》，曰“敬刻而傳之，謹識命工之歲月”，末署“嘉靖甲子春二月丁未孤子纘洛百拜謹書”。

（趙劍鋒）

閑闢錄卷第一　　鄉後學練江程曈輯

答吕伯恭書

子壽聞其名甚久恨未識之子澄云其議論頗宗無垢不知今竟如何也

辨張無垢中庸解序附

無垢本佛語而張公子韶之别號也張公始學于龜山之門而逃儒以歸于釋既自以爲有得矣而其釋之師語之曰左右既得欛柄入手開導之際當改頭换面隨宜説法使殊

閑闢錄　卷一　一

23. 世説新語八卷

〔南朝宋〕劉義慶撰 〔梁〕劉孝標注
〔宋〕劉辰翁、劉應登、〔明〕王世懋評
明凌瀛初刻四色套印本

框高21釐米，廣14.7釐米。半葉8行，行18字，小字雙行同，白口，四周單邊。新疆大學圖書館藏。入選第一批《國家珍貴古籍名録》，名録號01888。

劉義慶（403—444），彭城（今屬江蘇）人。南朝宋宗室，永初元年（420）襲封臨川王。著有《徐州先賢傳》《典叙》等。

凌瀛初，萬曆時人，爲凌濛初（1580—1644）同族兄弟。喜刻書，以套印本著稱。其所刻印之書，繪刻、版式、用紙、着墨均較考究，尤四色套印，技法精純，爲雕印精品，素爲藏家所重。

（趙劍鋒）

卷八
輕詆下 假譎
黜免 儉嗇
汰侈 忿狷
讒險 尤悔
紕漏 惑溺
仇隟

劉會孟曰世説所載多無識語然皆今人所有之則古亦不可謂無奴自未可齐耳

世說新語

德行

陳仲舉言爲士則行爲世範登車攬轡有澄清天下之志汝南先賢傳曰陳蕃字仲舉汝南平與人有室荒蕪不掃除曰大丈夫當爲國家掃天下値漢桓之末閹豎用事外戚豪横及拜太傅與大將軍竇武謀誅宦官反爲所害爲豫章太守海内先賢傳曰蕃爲尚書以忠正忤貴戚不得在臺遷豫章太守至便問徐孺子所在欲先看之謝承後漢書曰徐穉字孺子豫章南昌人清妙高跱超世絶俗前後爲諸公所辟雖不就及其死萬里赴吊常預炙雞一

非小兒語

不辨優劣令人自見註引經論又恰破的

彼親不被親作彼親彼不親

稽內史謝玄同時之郡論者以爲南北之望玄之名亞謝玄時亦稱南北二玄卒於郡 于
時張年九歲顧年七歲和與俱至寺中見佛般
泥洹像弟子有泣者有不泣者和以問二孫玄
謂被親故泣不被親故不泣敷曰不然當由忘
情故不泣不能忘情故泣 大智度論曰佛在陰菴羅雙樹間入般涅槃臥北首大地震動諸三學人僉然不樂郁伊交涕諸無學人但念諸法一切無常
庾法暢造庾太尉握麈尾至佳公曰此至佳那
得在法暢曰廉者不求貪者不與故得在耳 法暢

氏族出未詳法所注人物論自敘其美云暢悟銳有神才辭通辯
庾穉恭爲荊州 庾翼別傳曰翼字穉恭潁川鄢陵人也少有大度時論以經略許之兄太尉亮薨朝議推才以翼都督七州進征南將軍荊州刺史 以毛扇上武
帝武帝疑是故物 傅咸羽扇賦序曰昔吳人直截鳥翼而摇之風不減方圓二扇而功無加然中國莫有生意者滅吳之後翕然貴之無人不用桉庾懌以白羽扇獻武帝帝嫌其非新反之不聞翼也 侍中劉劭曰 文字志曰劭字彥祖彭城叢亭人祖訥司隸校尉父松成皋令劭博識好學多藝能善艸隸初仕領軍參軍太傅出東劭謂京洛必危乃單馬奔揚州歷侍中豫章太守 栢梁雲構工匠先居其下管

劉公幹荅魏太子書云夏屋方成而大匠先立其下嘉禾始熟而農夫先嘗其粒卻語本此

駢語乃玄

世說卷二 言語 十五

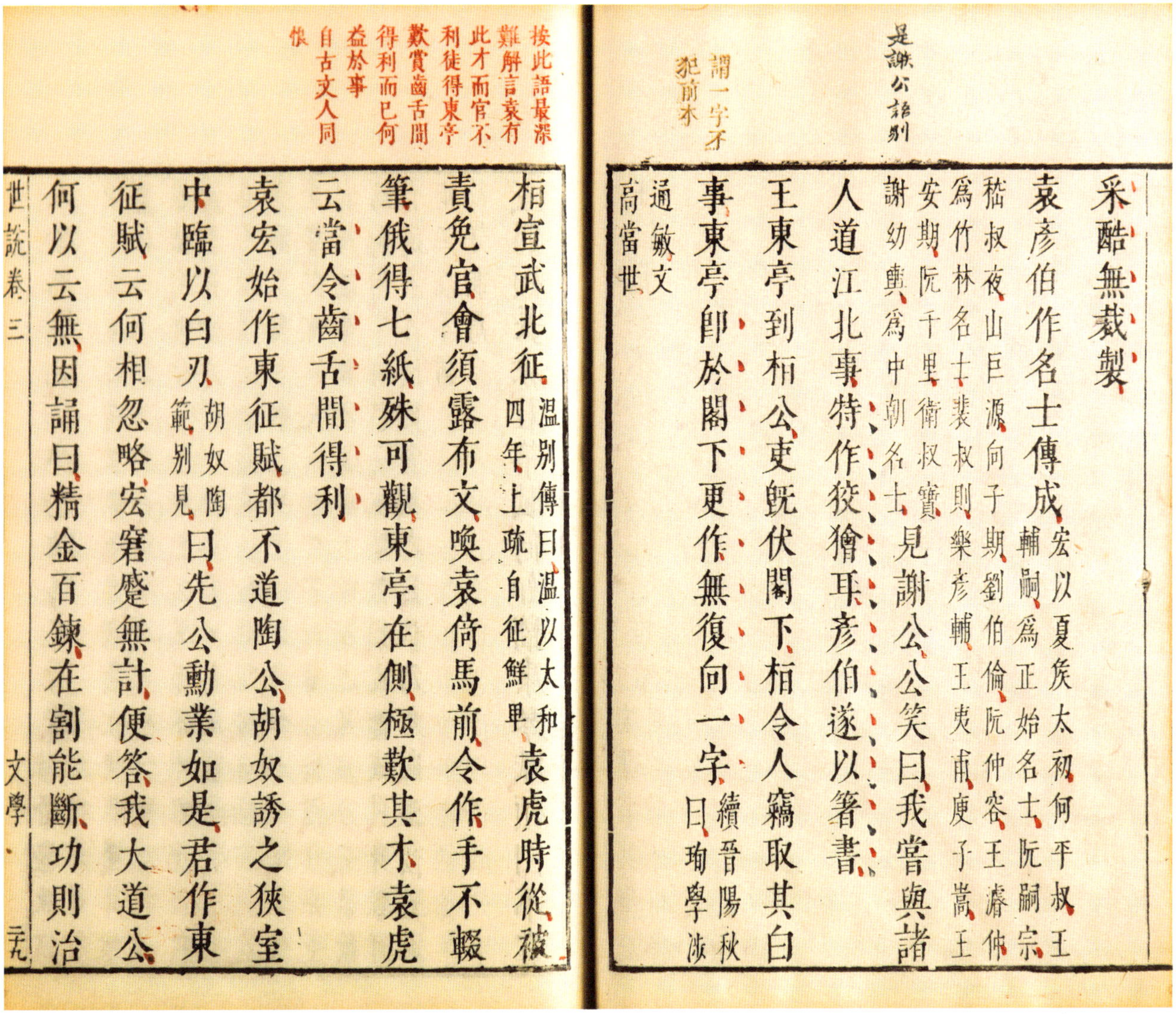

是謝公語別

謂一字不犯前本

采酷無裁製

袁彥伯作名士傳成宏以夏侯太初何平叔王輔嗣爲正始名士阮嗣宗嵇叔夜山巨源向子期劉伯倫阮仲容王濬仲爲竹林名士裴叔則樂彥輔王夷甫庾子嵩王安期阮千里衛叔寶謝幼輿爲中朝名士見謝公公笑曰我嘗與諸人道江北事特作狡獪耳彥伯遂以箸書

王東亭到桓公吏既伏閤下桓令人竊取其白事東亭卽於閤下更作無復向一字續晉陽秋曰珣學涉通敏文高當世

按此語最深難解言袁有此才而官不利徒得東亭歎賞齒舌間得利而已何益於事自古文人同悵

桓宣武北征溫別傳曰溫以太和四年上疏自征鮮卑袁虎時從被責免官會須露布文喚袁倚馬前令作手不輟筆俄得七紙殊可觀東亭在側極歎其才袁虎云當令齒舌間得利

袁宏始作東征賦都不道陶公胡奴誘之狹室中臨以白刃胡奴陶範別見曰先公勳業如是君作東征賦云何相忽略宏窘蹙無計便答我大道公何以云無因誦曰精金百鍊在割能斷功則治

24. 典言

〔隋〕薛道衡撰

隋寫本

卷軸裝。存三紙，分别爲：高22釐米，長8釐米；高25釐米，長12.5釐米；高27釐米，長33釐米。紙本，墨書。存22行。1969年吐魯番阿斯塔那134號墓出土。新疆維吾爾自治區博物館藏。入選第三批《國家珍貴古籍名録》，名録號06969。

《典言》是爲詩賦創作提供辭藻典故的類書，北齊後主武平年間（570—576）奉詔編撰，是失傳已久的佚書。

（新疆維吾爾自治區博物館）

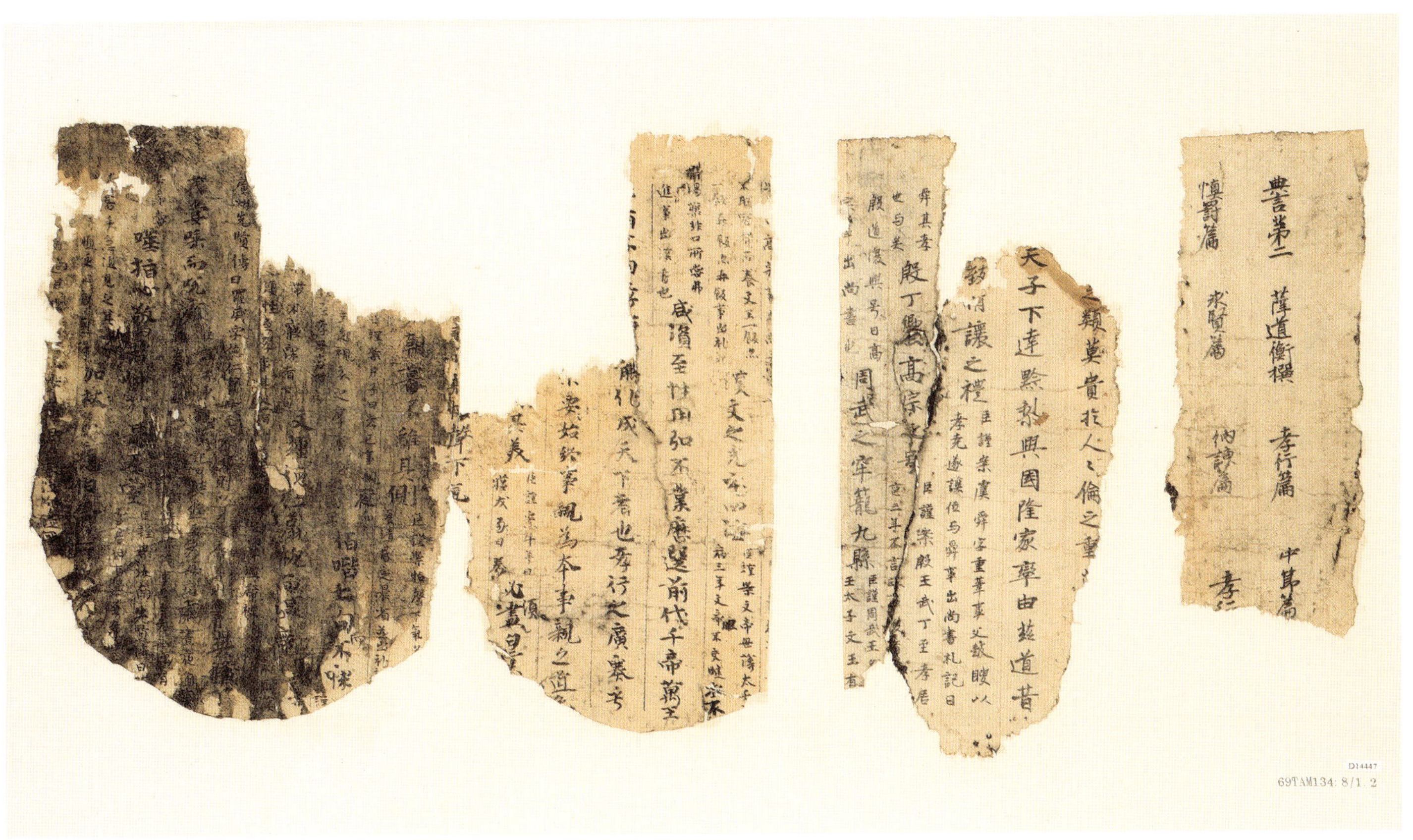
69TAM134: 8/1, 2

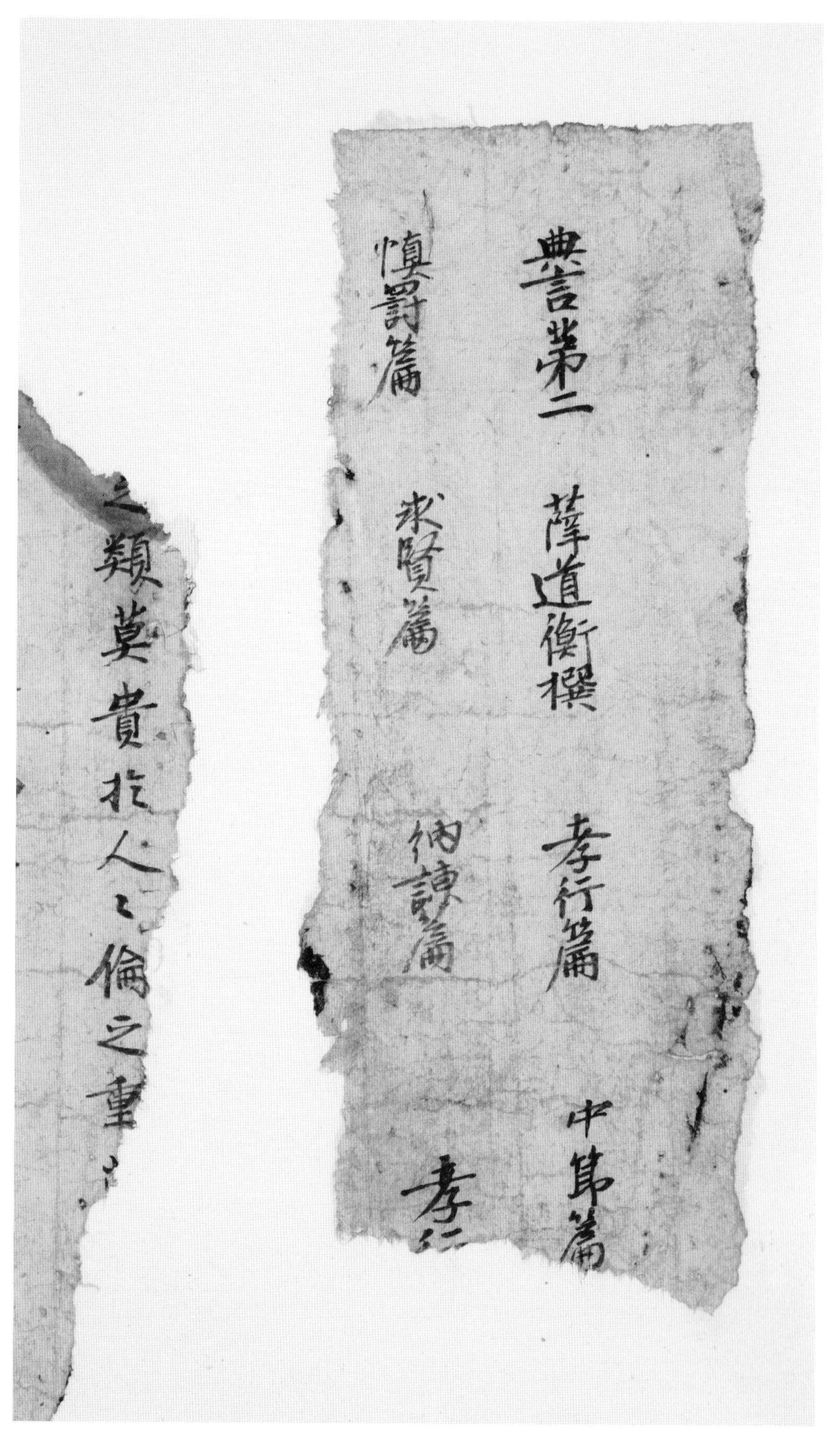
典言第二　薛道衡撰　孝行篇　中節篇
慎罰篇　求賢篇　納諫篇　孝仁
之類莫貴於人〻倫之重

25. 妙法蓮華經卷第七

〔後秦〕釋鳩摩羅什譯

麴氏高昌建昌五年（559）比丘義導寫本

卷軸裝。長88.7釐米。存41行，行17字，共500餘字。烏絲欄。有題記。1980年吐魯番柏孜克里克石窟出土。吐魯番博物館藏。入選第二批《國家珍貴古籍名録》，名録號02444。

與通行本對勘，此卷有多處異文，頗具校勘價值。同時，柏孜克里克石窟還出土了百餘件高昌王國時期《妙法蓮華經》抄本，對研究吐魯番地區佛教文化有重要意義。

（吐魯番博物館）

衆寶瓔珞價直百千兩金而以與之
仁者受此法施珎寶瓔珞時觀世音
肯受之无盡意復白觀世音菩薩言
我等故受此瓔珞尒時佛告觀世音
愍此无盡意菩薩及四衆天龍夜叉
阿脩羅伽樓羅緊那羅摩睺羅伽人
故受是瓔珞即時觀世音菩薩愍諸
於天龍人非人等受其瓔珞分作二
釋迦牟尼佛一分奉多寶佛塔无盡
音菩薩有如是自在神力遊於娑婆
時持地菩薩即從座起前白佛言世
衆生聞是觀世音菩薩品自在之業
現神通力者當知是人功德不少佛
門品時衆中八万四千衆生皆發无
耨多羅三藐三菩提心

[illegible]位超形之表靈道虛凝勝越心行之外故能有
教二六是以白衣弟子康得受自惟積善殖生處豫末
知來正化之興雖得人身累惡纏集故自割感身口
一卷以此功德世七父母内外宗親恒沙衆生商會道
樂
建昌五年己卯歲八月十五日記寫　比丘義眞書寫

而爲説
身而爲説
王身而爲説法應以帝
釋身而爲説法應以自在
現自在天身而爲説法應以大自在
度者即現大自在天身而爲説法應
將軍身得度者即現天大將軍身而
應以毗沙門身得度者即現毗沙門
説法應以小王身得度者即現小王
説法應以長者身得度者即現長者
説法應以居士身得度者即現居士
説法應以宰官身得度者即現宰官
説法應以比丘比丘尼優婆塞優
得度者即現比丘比丘尼優婆塞優
而爲説法應以長者居士宰官婆羅
女身得度者即現婦女身而爲説法應
童女身得度者即現童男童女身而
法應以天龍夜叉乾闥婆阿脩羅迦樓
羅摩睺羅伽人非人等身得度者即
之而爲説法應以執金剛神得度者即
金剛神而爲説法無盡意觀世音菩薩
是功德以種種形遊諸國土度脱衆

26. 金光明經卷第二

〔北涼〕釋曇無讖譯

庚午年（430）寫本

卷軸裝。高26釐米，兩段分别長92釐米、53釐米，行16至17字。烏絲欄。1965年吐魯番英沙古城外佛塔内出土。新疆維吾爾自治區博物館藏。入選第一批《國家珍貴古籍名録》，名録號00140。

此寫本内有題記："庚午歲八月十三日，於高昌城東胡天南太后祠下，爲索將軍佛子妻息合家，寫此《金光明》一部，斷手訖竟。筆墨大好，書者手拙，具字而已。後有……成佛道。"此題記原注中的"庚午"，學界多考訂爲北涼承玄三年（430），屬十六國末期，反映了當時該地區宗教信仰狀況。

全卷分行佈局，整齊縝密，書法工整嚴謹，用筆精勁含蓄，輕重適度匀和，爲隸書特點極爲突出的楷書，應是從隸書過渡至楷書階段的寫本。

（新疆維吾爾自治區博物館）

功德无量 猶如大海 智淵无盡 法水具足
百千三昧 无有缺減 足下平滿 千輻相現
足指網縵 猶如鵞王 光明晃耀 如寶山王
微妙清淨 如鍊真金 所有福德 不可思議
佛功德山 我今敬禮 佛真法身 猶如虛空
應物現形 如水中月 无有障礙 如焰如化
是故我今 稽首佛月
尒時世尊以偈答曰
此金光明 諸經之王 甚深最勝 无有上
十力世尊之所宣說 汝等四王 應當勤護
以是因緣 是深妙典 能與衆生 无量快樂
為諸衆生 安樂利益 故久流布 於閻浮提
能滅三千 大千世界 所有惡趣 无量諸苦
閻浮提內 諸人王等 心生慈愍 正法治化
善能流布 此妙經典 則令其土 安隱豐熟
所有衆生 悉受快樂 若有人王 欲愛己身
及其國土 令弥豐熟 應當至心 淨潔洗浴
往法會所 聽受是典 是經能作 所有善事
摧伏一切 內外怨賊 復能滅除 无量怖
是諸經王 能與一切 无量衆生 安隱快樂
譬如寶樹 在人家中 悉能出生 一切珍寶
是妙經典 亦復如是 悉能出生 諸王功德
如清冷水 能渴除乏 是妙經典 亦復如是
能除諸王 功德渴乏 譬如珍寶 異物篋
悉在於手 隨意所用 是金光明 亦復如是
隨意能與 諸王法寶 是金光明 微妙經典
常為諸天 恭敬供養 亦為護世 四大天王
威神力勢 之所護持 十方諸佛 常念是
若有讀誦 稱讚善哉 亦有百千 无量鬼
從十方來 擁護是人 若有得聞 是妙經

是金光明諸經之王甚深最勝為无有上
十力世尊之所宣說汝等四王應當勤護
以是因緣是深妙典能与衆生无量快樂
為諸衆生安樂利益故久流布於閻浮提
能滅三千大千世界所有衰惱无量諸苦
閻浮提內諸人王等心生慈愍正法治世
若能流布是妙經典則令其土安隱豐熟
所有衆生悉受快樂若有人王欲受己身
及其國土令所豐熟應當至心淨潔洗浴
往法會所聽受是典是經能作所有善事
摧伏一切內外怨賊復能滅除无量怖
是諸經王能与一切无量衆生安隱快樂
譬如寶樹在人家中悉能出生一切珍寶
是妙經典亦復如是悉能出生諸王功德
如清冷水能渴除乏是妙經典亦復如是
能除諸王功德渴乏譬如珎寶異物篋
悉在於手隨意所用是金光明亦復如是
隨意能与諸王法寶是金光明微妙經典
常為諸天恭敬供養亦為護世四大天王
威神力勢之所護持十方諸佛常念是
若有演說稱讚善哉亦有百千无量鬼
從十方來擁護是人若有得聞是妙經典
心生歡喜踊躍无量閻浮提內无量大

起偏袒右肩右膝著地長跪合掌於世
尊前以偈讚曰
佛日清淨 滿足莊嚴 佛日暉曜 放千光明
如來面目 最上明淨 齒白无垢 如蓮花根
皆悉歡喜 集聽是經 聽是經故 是諸德威
增益天衆 精氣身力
尒時四天王聞是偈已白佛言世尊我從
來未曾得聞如是微妙寂滅之法我聞之
已心生悲喜涕淚橫流舉身戰動支節
鮮復得无量不可思議具足妙樂以天曼
陀羅花摩訶曼陀羅花供養奉散於如
來上作如是等供養佛已復白佛言世
尊我等四王名々自有五百鬼神常當
逐是說法音而為守護

金光明經卷第二

凡五千四百廿三言

庚午歲八月十三日於高昌城東胡天南太后祠下為索將軍佛子妻息合家寫此
金光明一部斷手訖竟筆墨大好書者手拙具字而已後有識覽
揆之者貫其懷義疾成佛道

27. 菩薩善戒經卷第三

〔南朝宋〕釋求那跋摩譯

南北朝寫本

卷軸裝。分爲兩段，高24.5釐米，長154.5釐米；高25.3釐米，長171.8釐米。存196行，行19字。烏絲欄。1965年吐魯番英沙古城外佛塔内出土。新疆維吾爾自治區博物館藏。入選第二批《國家珍貴古籍名録》，名録號02486。

同時出土的還有《金光明經》等佛經寫本。此卷爲隸書寫本，用筆精勁含蓄，輕重適度匀和，單字結構嚴謹，全篇分行佈局整齊，帶有隸書向楷書過渡的書體特徵。

（新疆維吾爾自治區博物館）

復如是脩集善道畢竟欲得阿耨多羅三藐三菩
提時是名為熟是名性調伏衆生調伏者有四種
一者有聲聞性得聲聞道二者有緣覺性得緣覺
性道三者有佛性得佛道四者无性得人天樂是
名為四是名衆生調伏行調伏者有六種一者根
調伏二者善根調伏三者智慧調伏四者下調伏
五者中調伏六者上調伏根調伏者以根因緣故
得長命好色種性自在大力言音微妙男子之身
无能勝者具足成就是勢果者任得阿耨多羅三
藐三菩提常為衆生脩集苦行其心初无退愁悔
恨是名根調伏善根調者性不好樂造作惡業五
蓋輕微諸惡覺觀漸不[illegible]

菩薩地經卷第三

菩薩地調伏品第六

云何名為菩薩調伏者有六種一者性調伏二者
衆生調伏三者行調伏四者方便調伏五者熟調
伏六者熟印調伏性調伏者有善種子故脩善法
脩善調故法壞二種鄣一煩惱鄣二智慧鄣脩善
法故身心清淨衆心淨故若遇善友諸佛菩薩若
不值遇能壞煩惱智慧二鄣如攤巳熟若遇醫師

28. 昌黎先生集四十卷外集十卷遺文一卷 〔唐〕韓愈撰 〔宋〕廖瑩中校正 朱子校昌黎先生集傳一卷

明徐氏東雅堂刻本

框高20.6釐米，廣13.6釐米。半葉9行，行17字，小字雙行同，細黑口，四周雙邊。中國科學院新疆分院文獻信息中心藏。入選第二批《國家珍貴古籍名録》，名録號05346。

韓愈（768—824），字退之，自稱郡望昌黎，世稱“韓昌黎”，鄧州河陽（今屬河南）人。晚年任吏部侍郎，後世稱之爲韓吏部。卒謚文，又稱韓文公。

廖瑩中（？—1275），字群玉，號藥洲，邵武（今屬福建）人。少有儁才，文章古雅。舉進士，爲賈似道客。宋德祐元年（1275），賈似道革職，瑩中自殺。好書法，精賞鑒，刻法帖多種。著有《江行雜録》。事蹟見《宋史翼》卷四。

此本爲明東雅堂翻刻世綵堂本。南宋廖瑩中所刻世綵堂本《昌黎先生集》被譽爲“無上神品”，爲宋刻精美之代表。東雅堂翻刻極好，是現存《昌黎先生集》最爲通行之本。鈐有“秀水王景曾所藏金石書籍印”“松陵史蓉莊藏”諸印。

（趙劍鋒）

昌黎先生集序

朱子云此集今世本多不同惟近歲南安軍所刊方崧卿校定本號爲精善别有舉正十卷論其所以去取之意又它本之所無也然其去取多以祥符杭本嘉祐蜀本及李謝所據館閣本爲定而尤尊館閣本雖有謬誤往往曲從它本雖善亦弃不錄至於舉正則又例多而詞寡覽者或頗不能曉知故今輙因其書更爲校定悉考衆本之同異而一以文勢義理及它書之可證驗者決之苟是矣則雖民閒近出小本不敢違有所未安則雖官本古本石本不敢信又各詳著其所以然者以爲考異十

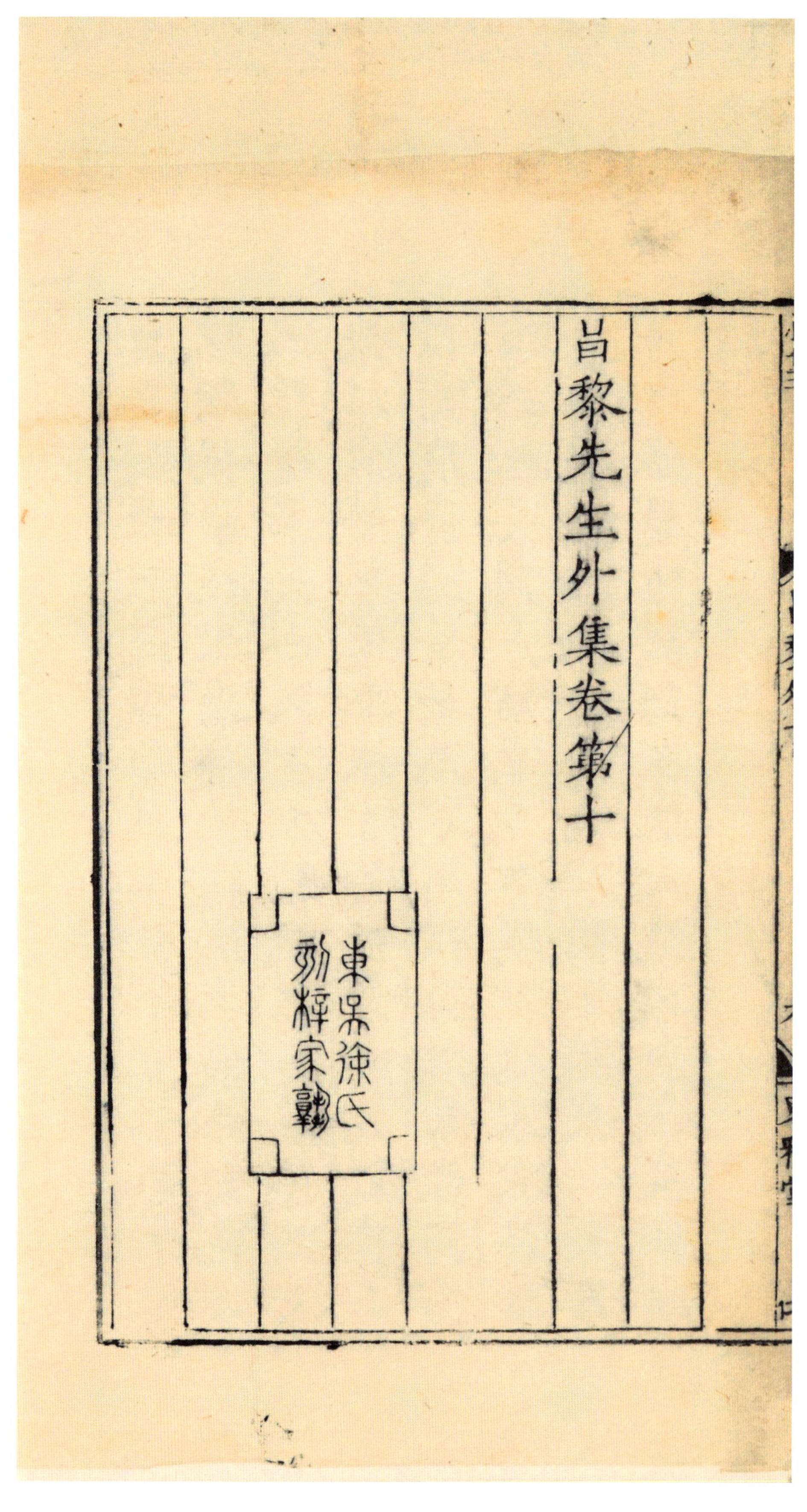
昌黎先生外集卷第十
東吳徐氏刻梓家塾

29. 韓文公文抄十六卷

〔唐〕韓愈撰　〔明〕茅坤評

明刻朱墨套印本

框高21釐米，廣14.6釐米。半葉9行，行20字，白口，四周單邊。中國科學院新疆分院文獻信息中心藏。入選第二批《國家珍貴古籍名録》，名録號05361。

該書前有茅坤引、昌黎集叙説、目録。收録表狀八首、書啓狀四十四首、序二十八首、記傳十二首、原議論十首、辯解説頌雜著二十二首、碑及墓誌碣銘四十首、哀辭祭文行狀八首，釐爲十六卷。此本套印準確美觀，印製精良，開本宏闊，堪稱佳品。

（趙劍鋒）

韓文公文鈔引

魏晉以後宋齊梁陳迄於隋唐之際孔子六藝之遺不絶如帶矣昌黎韓退之崛起德憲之間泝孟軻賈誼鼂錯董仲舒司馬遷劉向楊雄及班椽父子之旨而揣摩之於是時譽者半

韓文目錄

第一卷

韓文　目錄　一

韓文公文抄卷之一

進撰平淮西碑文表

不獨碑文冠當時而表亦壯

臣某言伏奉正月十四日勅牒以收復淮西羣臣請刻石紀功明示天下爲將來法式陛下推勞臣下允其志願使臣撰平淮西碑文者聞命震駭心識顛倒非其所任爲愧爲恐經涉旬月不敢措手竊惟自古神聖之君旣立殊功異德卓絶之跡必有奇能博辯之士爲時而生持簡操筆從而寫之各有品章條貫

韓文　卷一　一

30. 莆陽黄御史集二卷

〔唐〕黄滔撰

明正德八年（1513）刻萬曆十二年（1584）重校本

框高20.4釐米，廣12.6釐米。半葉10行，行20字，白口，四周雙邊。新疆大學圖書館藏。入選第二批《國家珍貴古籍名録》，名録號05451。

黄滔（840—911），字文江，泉州莆田（今屬福建）人，唐乾寧二年（895）進士，光化中任四門博士，遷監察御史里行，天復元年（901）爲威武軍節度推官。黄滔工詩能文，與韋莊、羅隱齊名，洪邁稱“其文贍蔚有典則，策扶教化，其詩清淳豐潤，若與人對語，和氣郁郁，有貞元、長慶風概”（《唐黄御史文集序》）。有《黄滔集》十五卷，《新唐書·藝文志》著録。

該書分爲上、下兩帙，上帙收録賦、詩、文等，下帙收録書、啓、祭文、碑銘等。此本爲汪啓淑（1728—1799）進獻四庫進呈本，後有近現代藏書家朱彭壽（1869—1950）手書題跋粘箋一張。鈐有“翰林院印”“武原朱彭壽印”“筱汀弍字述盦”“壽鑫齋主人朱述盦所藏善本”“述盦抄補”“海鹽朱氏壽鑫齋藏書印”等印。

（趙劍鋒）

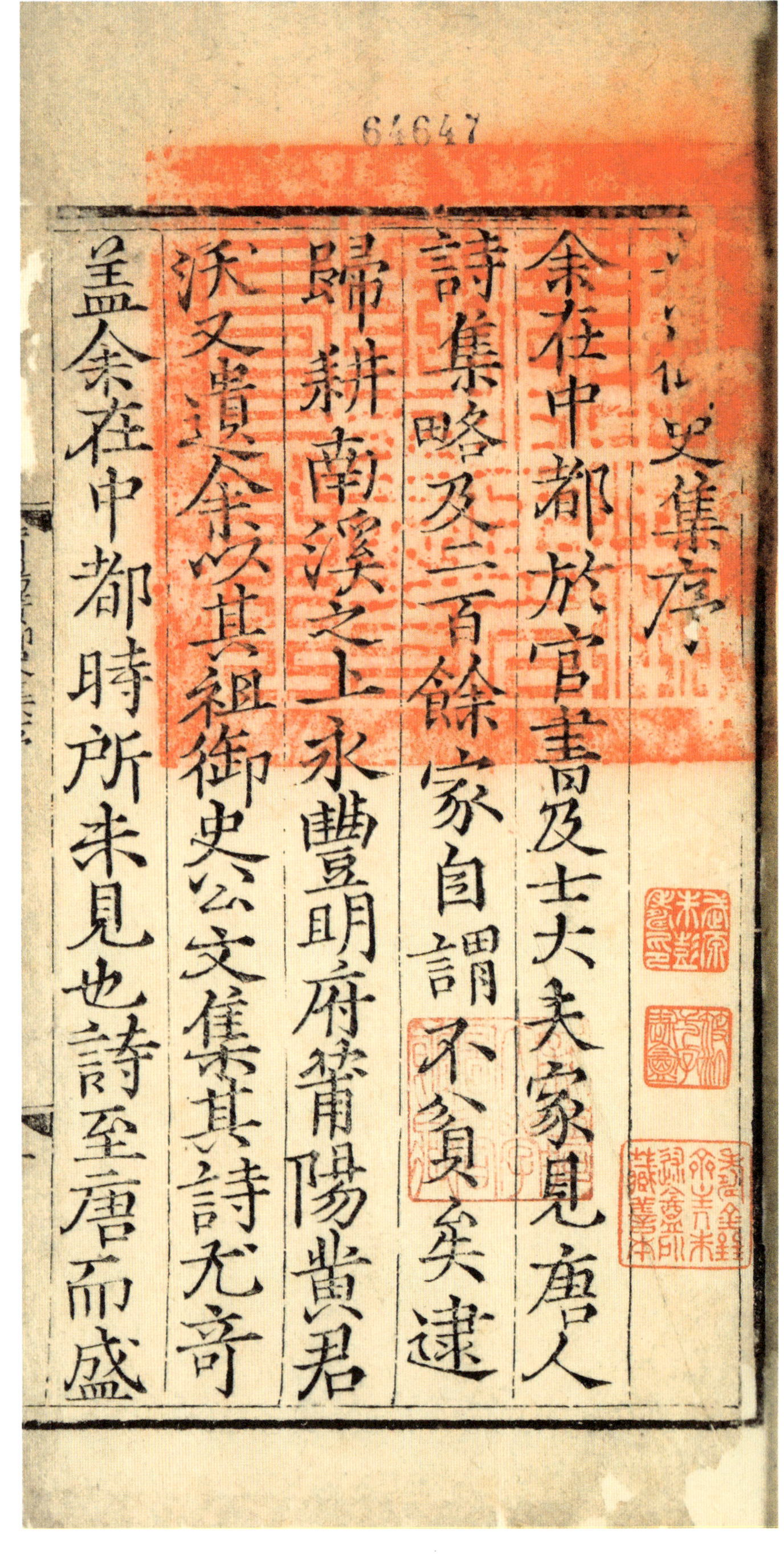

[illegible]史集序

余在中都於官書及士大夫家見唐人
詩集略及二百餘家自謂不負矣逮
歸耕南溪之上永豐明府莆陽黄君
沃又遺余以其祖御史公文集其詩尤奇
盖余在中都時所未見也詩至唐而盛

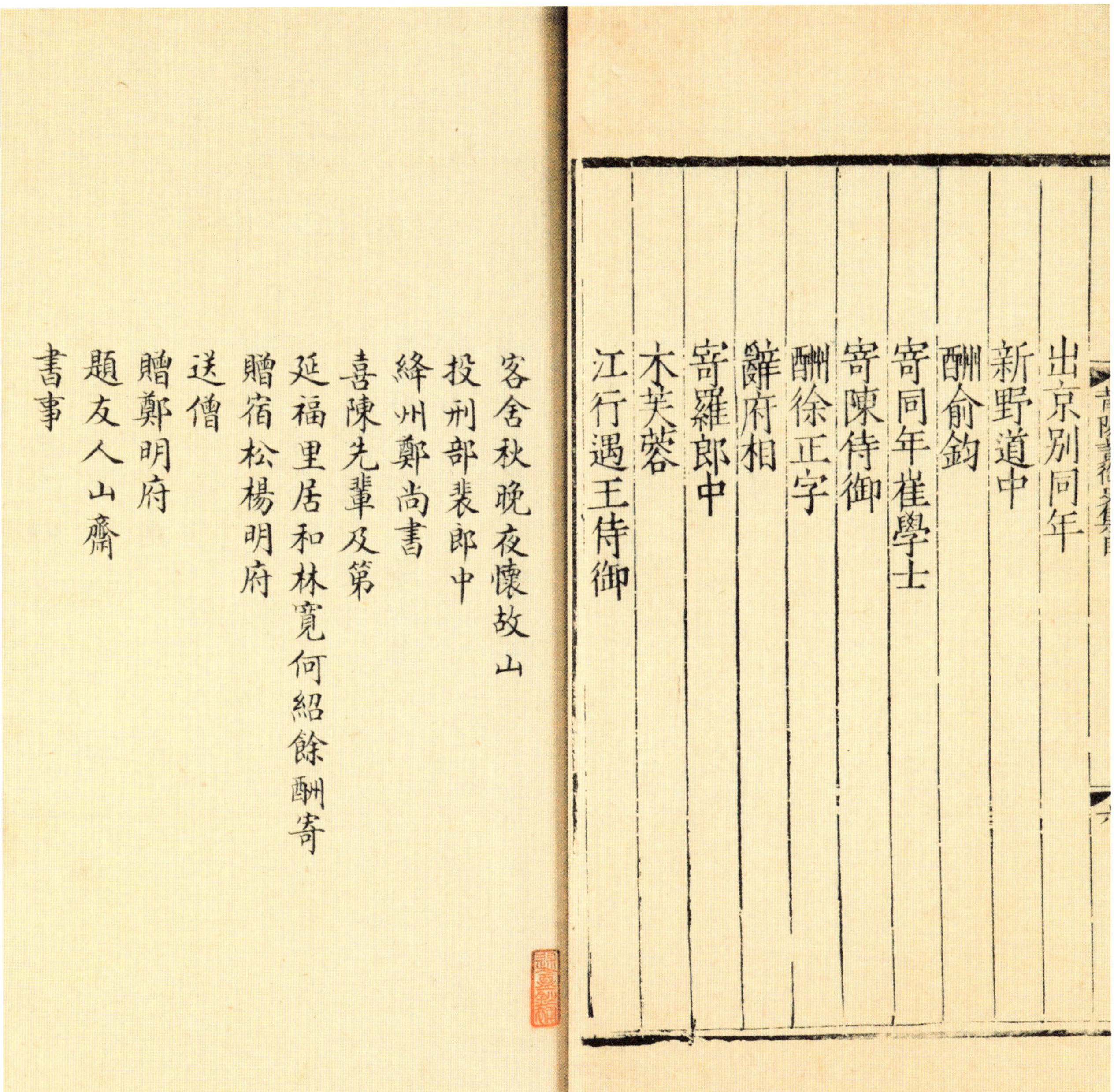

出京別同年
新野道中
酬俞鈞
寄同年崔學士
寄陳侍御
酬徐正字
辭府相
寄羅郎中
木芙蓉
江行遇王侍御

客舍秋晚夜懷故山
投刑部裴郎中
絳州鄭尚書
喜陳先輩及第
延福里居和林寬何紹餘酬寄
贈宿松楊明府
送僧
贈鄭明府
題友人山齋
書事

莆陽黄御史集　權分上秩

公字文江莆田人唐乾寧二年擢進士第光化中守四門博士官至監察御史裏行按藝文志載泉山秀句集三十卷悉公纂締未知存亾又黄其集十五卷歲久訛缺今以舊藏藁本釐爲十卷名曰東家編略宋紹興丙子中夏初吉八世孫左朝散郎試尚書考功員外郎公度謹誌

賦

莆陽黄御史集　二

右莆陽黃御史集上下兩編不分卷數首頁上方鈐翰林院印書面則盖有四庫館收到浙江巡撫三寶送到汪啟淑家藏本朱文戳記與浙江採進遺書總錄所稱二冊者相符盖當時為杭郡汪氏開萬樓所進呈欽汪氏進書六百餘種曾蒙御賜古今圖書集成全部後經發還回流入市肆者乾隆中葉距今已一百二十三年乃楮頁如新閱之殊快心目第內有脫簡三紙特假他本手自鈔補並重裝以永其傳按四庫所著錄者為崇禎中刻本此則萬曆十三年乙酉黃廷良校梓尚在閩本以前又近歲福山王氏天壤閣叢書中所刻黃御史集曾歷舉所刻多種而於此書獨未引及洵世間希見之本誠至寶也光緒戊戌孟夏之月海鹽朱彭壽小汀氏識

31. 蘇文忠公全集一百十一卷 〔宋〕蘇軾撰 年譜一卷 〔宋〕王宗稷撰
明嘉靖十三年（1534）江西布政司刻本

框高20.4釐米，廣12.9釐米。半葉10行，行20字，小字雙行同，白口，四周雙邊。新疆大學圖書館藏。入選第二批《國家珍貴古籍名録》，名録號05562。

蘇軾（1037—1101），字子瞻，又字和仲，號東坡居士，眉州眉山（今屬四川）人。宋仁宗嘉祐二年（1057）進士，哲宗元祐時官至翰林學士承旨、禮部尚書，坐黨籍貶至儋州。卒謚文忠。著有《東坡全集》《東坡志林》《東坡易傳》等。蘇氏詩文詞書畫皆堪稱一代宗師，爲“唐宋古文八大家”之一。事蹟詳見《宋史》本傳。

此本爲仿宋刻本，刊印精美，可謂明嘉靖刻本之典範。鈐有“茮坡臧書”“潘氏桐西書屋之印”“潘茮坡圖書印”諸印。

（趙劍鋒）

重刊蘇文忠公全集序

古今文章作者非一人其以之名天下者惟唐昌黎韓氏河東柳氏宋廬陵歐陽氏眉山二蘇氏及南豐曾氏臨川王氏七大家而已然韓柳曾王之全集自李漢劉禹錫趙汝礪危素之所編次皆已傳刻至今盛行于世歐陽文惟歐所自

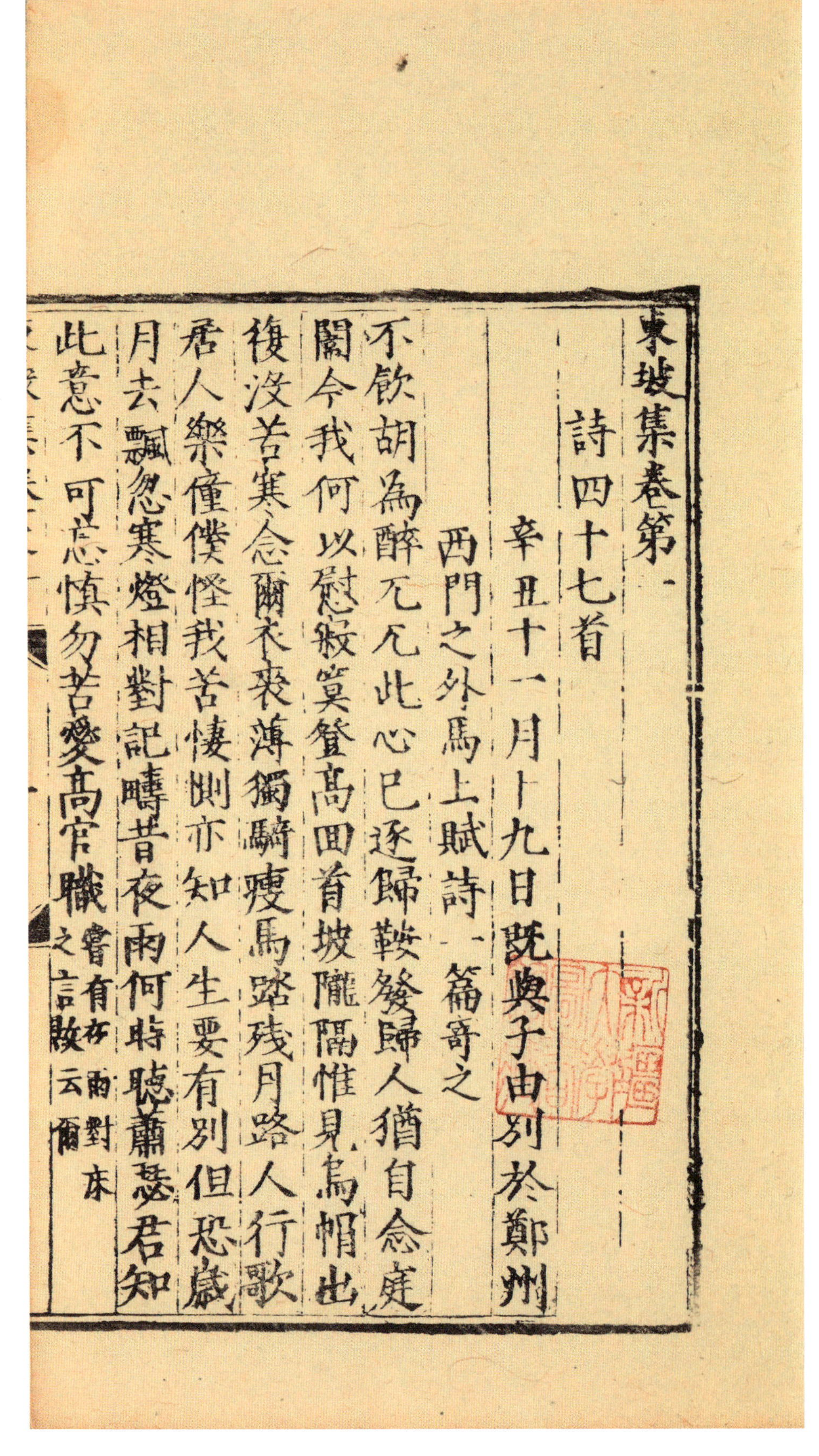
東坡集卷第一
詩四十七首
辛丑十一月十九日既與子由别於鄭州西門之外馬上賦詩一篇寄之
不飲胡為醉兀兀此心已逐歸鞍發歸人猶自念庭闈今我何以慰寂寞登高回首坡隴隔惟見烏帽出復没苦寒念爾衣裘薄獨騎瘦馬踏殘月路人行歌居人樂僮僕怪我苦悽惻亦知人生要有别但恐歲月去飄忽寒燈相對記疇昔夜雨何時聽蕭瑟君知此意不可忘慎勿苦愛高官職嘗有夜雨對牀之言故云爾

32. 蘇文六卷

〔宋〕蘇軾撰 〔明〕茅坤等評

明閔爾容刻三色套印本

框高20.4釐米，廣14. 7釐米。半葉9行，行19字，白口，四周單邊。新疆大學圖書館藏。6册。入選第二批《國家珍貴古籍名録》，名録號05587。

該書爲錢豐寰、茅坤評點。錢氏用朱色，茅氏用黛色。沈闇章序云："明興，操觚家遞爲評選，屈指未易更僕數。豐寰錢先生業加品隲，而鹿門先生又有文抄行海内，然覽者不無浩夥之歎。余友閔爾容，復取而棕核之，批評以豐寰爲宗，間采鹿門附焉，考訂嚴確，則是集非泛帙也。"

（趙劍鋒）

蘓文忠公文選序

世運升降文章以之盛衰而其間有以世運爲文章亦有文章持世運則皆人心爲之文人心有轉世世轉之殊故文章隨有趨世持世之異自六

茅鹿門曰東坡試論文字悠楊婉宕塲屋中極利者也

蘇文卷之一

刑賞忠厚之至 省試

此東坡所作時論也天才燦然自不可及

堯舜禹湯文武成康之際何其愛民之深憂民之切而待天下以君子長者之道也有一善從而賞之又從而咏歌嗟歎之所以樂其始而勉其終有一不善從而罰之又從而哀矜懲創之所以棄其舊而開其新故其吁俞之聲歡休慘戚見于虞夏商周之書成康既沒穆王立而周道始衰然猶命其臣呂侯而告之以祥刑其言憂而不傷威而不

33. 萬首唐人絕句一百一卷

〔宋〕洪邁輯

明嘉靖十九年（1540）陳敬學德星堂刻本

框高19.6釐米，廣14.5釐米。半葉10行，行20字，白口，左右雙邊，朱彭壽跋。新疆大學圖書館藏。入選第二批《國家珍貴古籍名録》，名録號06434。

洪邁（1123—1202），字景盧，號容齋，鄱陽（今屬江西）人。宋紹興十五年（1145）中詞科，纍遷左司員外郎。後以端明殿學士致仕，卒謚文敏。洪氏著述甚富，除編《萬首唐人絕句》外，另有《野處類稿》《夷堅志》《容齋隨筆》等。事蹟具《宋史》本傳。

《萬首唐人絕句》係唐人絕句之總匯。據自序，洪邁於淳熙七年（1180）教稚童誦唐人絕句，因取諸家遺章，得五千四百餘首。後入侍太上皇孝宗，以所編進呈，孝宗驚其多，令繼續搜羅。洪邁於是"搜討文集，傍及傳記小說，遂得滿萬首"。是書於紹熙元年（1190）編成，二年十一月刻畢，三年奏進。然因旋録旋奏，未能嚴格按時代順序編列，誤收與重出詩篇亦復不少。

該書爲陳敬學據宋汪綱本翻刻，歷時三年乃成。而此書宋刻本已佚，故由該本仍可窺見宋本風貌。鈐有"武原朱彭壽印""小汀""壽鑫齋主人朱述翕所藏善本"諸印。

（趙劍鋒）

萬首唐人絶句詩序

淳熙庚子秋邁解建安郡印歸時年五十八矣身入老境眼意倦罷不復觀書惟時昔教穉兒誦唐人絶句則取諸家遺集一切整彙凡五七言五千四百篇手書爲六秩起家守婺齋以自隨踰年再還

朝侍

壽皇帝清燕偶及宮中書扇事

聖語云比使人集録唐詩得數百首邁因以昔所編具奏

天旨驚其多且令以元本進入嘗寘諸

唐絶句序 一

刻之使合而爲一既畢工姑識其末是歲二
月既望書于鎮越堂
萬首唐絶句詩自宋刻迄今又多湯謬蠹闕
矣都憲陳公俾愚領校刋之任愚雖三年勞
于兹亦烏能免譌舛之非乎抑維昔始之以
淳熙庚子而今繼之以嘉靖庚子數之偶然
有可識焉耳辛丑人日姑蘇門生陳敬學書

萬首唐人絶句卷第一

七言一百首

贈李白　杜甫

秋來相顧尚飄蓬未就丹砂愧葛洪痛飲狂歌空度
日飛揚跋扈爲誰雄

三絶句

楸樹馨香倚釣磯斬新花蘂未應飛不如醉裏風吹
盡可忍醒時雨打稀
門外鸕鷀去不來沙頭忽見眼相猜自今已後知人
意一日須來一百回

34. 精選古今名賢叢話詩林廣記十卷後集十卷

〔宋〕蔡正孫輯

明弘治十年（1497）張鼒刻本

框高22.1釐米，廣14.5釐米。半葉10行，行20字，白口，四周單邊。新疆維吾爾自治區圖書館藏。入選第二批《國家珍貴古籍名録》，名録號06519。

蔡正孫（1239—？），字粹然，自號蒙齋野逸，建安（今福建建陽）人，南宋末年赴臨安參加科舉考試，未第，遂長期居留杭州，宋亡後歸隱故鄉建安，詩酒自娱，堅持遺民立場，不書元朝年號，衹書甲子。

《詩林廣記》，又名《精選詩林廣記》《精選古今名賢叢話詩林廣記》等，成書於宋亡後十年，即元世祖至元二十六年（1289）。該書抄綴大量名家名篇及名評、仿作，以多個評論性主題組織詩評、詩作彙編。版心下方或下魚尾中記有刻工名號，如“文”“奈”“仁”等。鈐有“季振宜藏書”“一色杏花”“和用”“冰霜操”“鐵石心”“槐賞”等印。

（苗慧）

齊貢士較正重刊藏於家塾與鄉鄙學詩者共之若金根之誤在杲且然齊吾知其免矣

弘治丁巳春三月望日

賜進士中憲大夫河南提刑按察副使奉

勅保固河防兼督水利前監察御史濟南

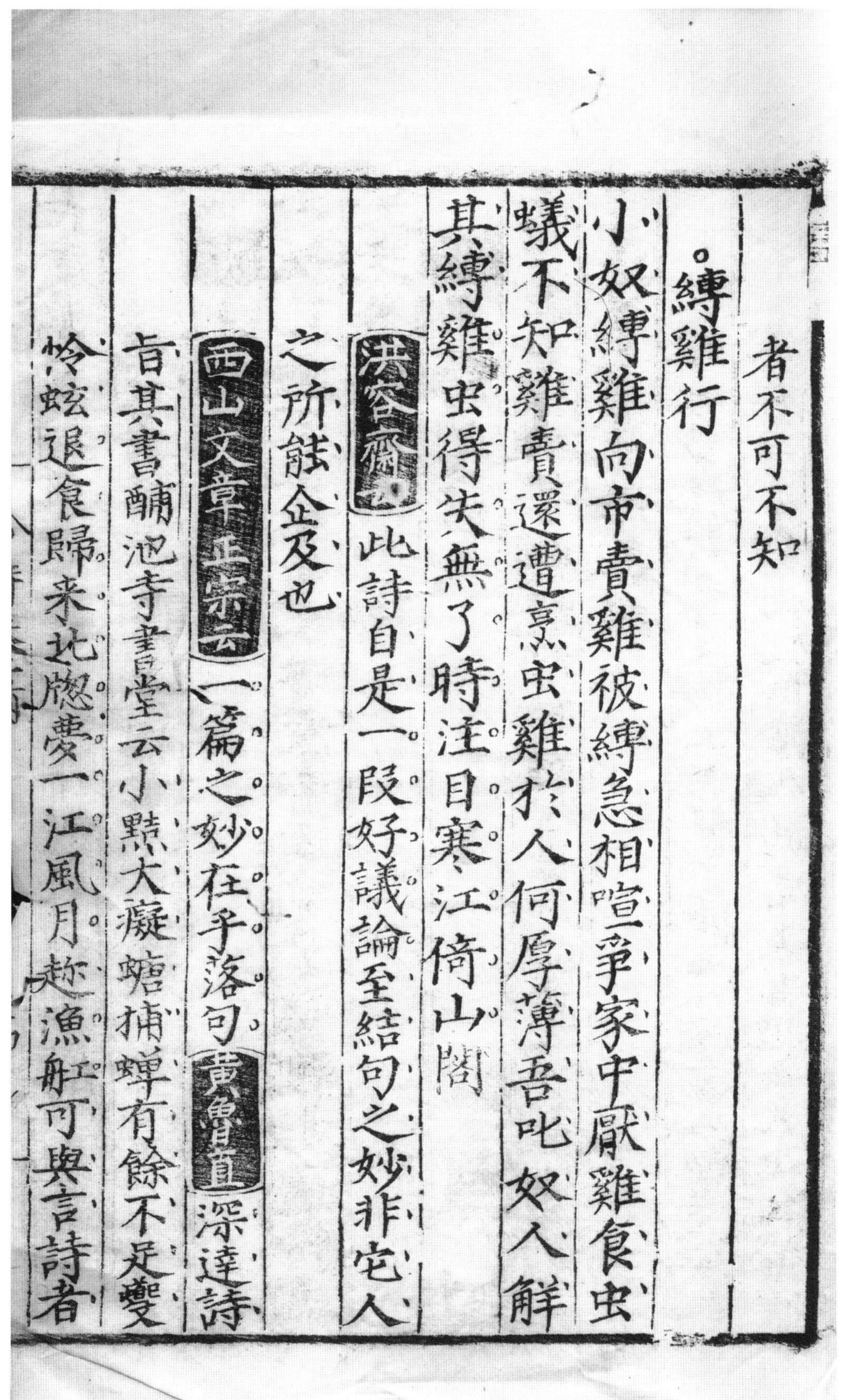

者不可不知

○縛雞行

小奴縛雞向市賣雞被縛急相喧爭家中厭雞食虫蟻不知雞賣還遭烹虫雞於人何厚薄吾叱奴人解其縛雞虫得失無了時注目寒江倚山閣

洪容齋云 此詩自是一段好議論至結句之妙非它人之所能企及也

西山文章正宗云 一篇之妙在乎落句 黄魯直 深達詩旨其書酺池寺書堂云小黠大癡螗捕蟬有餘不足夔怜蚿退食歸来北牕夢一江風月趁漁舡可與言詩者

35. 遜志齋集二十四卷 〔明〕方孝孺撰 附録一卷
明正德十五年（1520）顧璘刻本

框高19釐米，廣12.7釐米。半葉10行，行20字，白口，四周單邊。新疆大學圖書館藏。入選第四批《國家珍貴古籍名録》，名録號10711。

方孝孺（1357—1402），字希直，一字希古，寧海（今屬浙江）人。善屬詩文，嘗從宋濂游。明洪武時爲漢中府教授，蜀獻王聘爲世子師，顔其室曰"正學"。建文中召爲翰林侍講學士，改文學博士。燕王朱棣入京師，命代草即位詔，不從，遂磔於市。著有《周易枝辭》《宋史要言》《基命録》等。事蹟具《明史》本傳。

《四庫全書總目》曰："史稱孝孺殉節後，文禁甚嚴，其門人王稌藏其遺稿，宣德後始稍傳播，故其中闕文脱簡頗多。原本凡三十卷，拾遺十卷，乃黄孔昭、謝鐸所編，此本併爲二十四卷，則正德中顧璘守台州時所重刊也。"可知此本乃在明成化十六年（1480）郭紳刻四十一卷本基礎上删併而來。

（趙劍鋒）

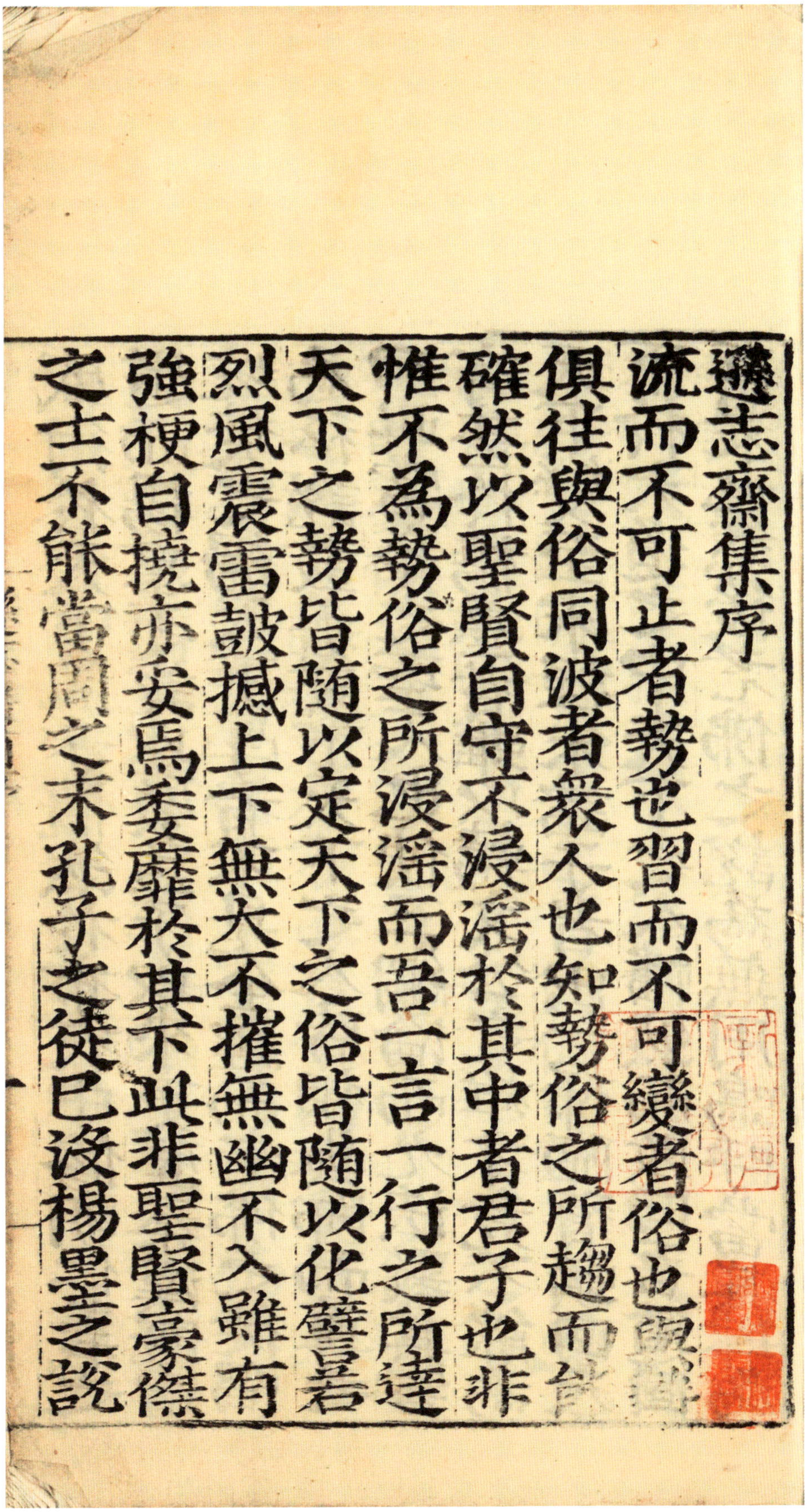

遜志齋集序

流而不可止者勢也習而不可變者俗也與勢俱往與俗同波者衆人也知勢俗之所趨而能確然以聖賢自守不浸淫於其中者君子也非惟不為勢俗之所浸淫而吾一言一行之所達天下之勢皆隨以定天下之俗皆隨以化譬若烈風震雷鼓撼上下無大不摧無幽不入雖有強梗自撓亦安焉委靡於其下非聖賢豪傑之士不能當周之末孔子之徒已沒楊墨之說

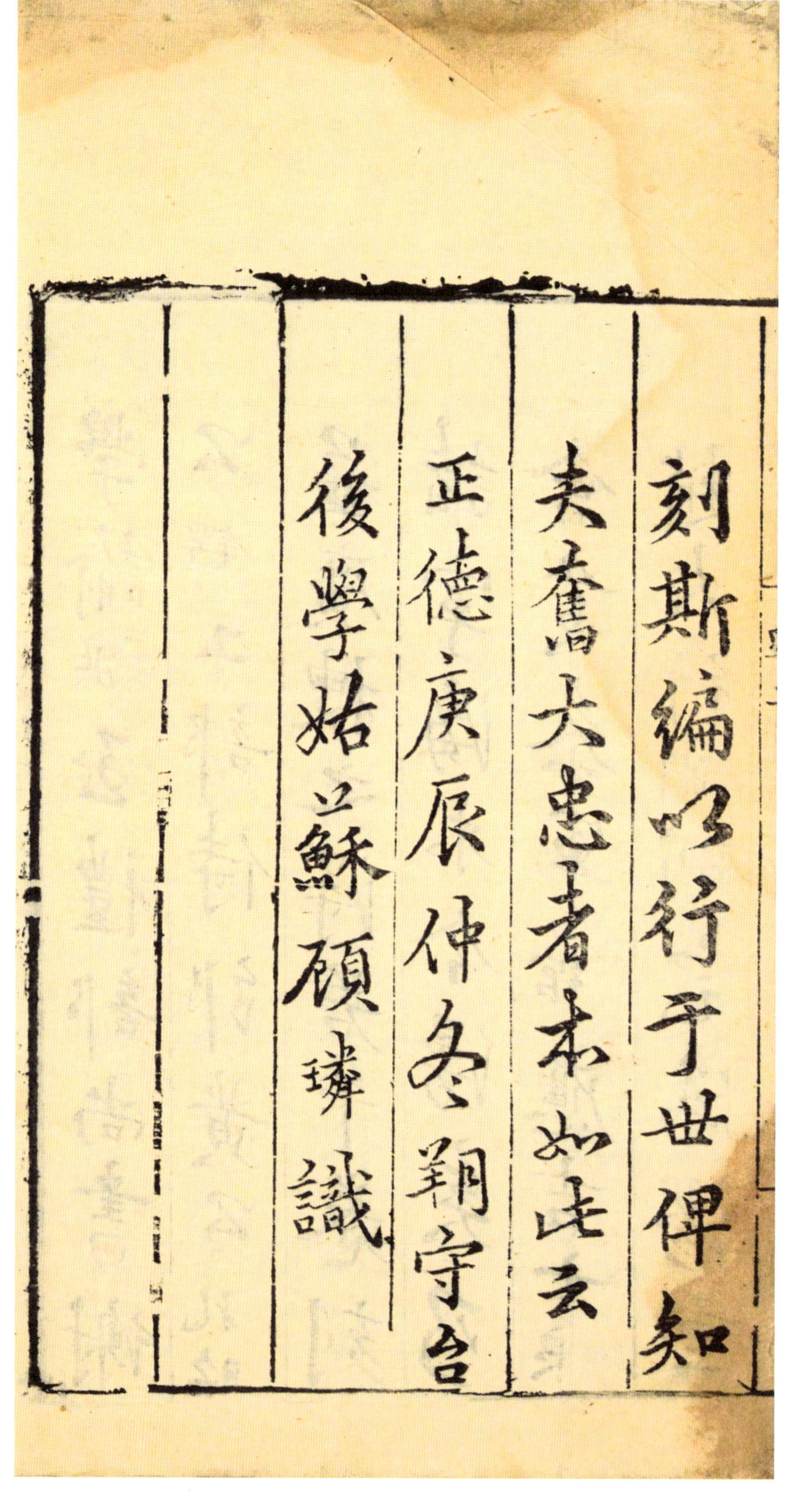
刻斯編以行于世俾知
夫奮大忠者未如此云
正德庚辰仲冬郡守古
後學姑蘇顧璘識

少數民族文字古籍

36. 彌勒會見記 焉耆-龜兹文 九世紀前寫本

梵夾裝。開本高18.5釐米，長31.5釐米。每葉8行，正背兩面書寫，存44葉。1974年發現於新疆焉耆縣。新疆維吾爾自治區博物館藏。入選第一批《國家珍貴古籍名録》，名録號02283。

《彌勒會見記》是一部大型佛教分幕劇作，由序幕一幕、正文二十五幕及尾聲二幕構成。主要講述未來佛彌勒的生平事蹟，並描述了彌勒受婆羅門波婆離之命前往兜率天拜謁釋迦牟尼如來佛，以及在彌勒净土的各種趣事見聞。内容與漢譯《賢愚經》卷二十《波婆離品》相似。是目前國内發現最古老、最長的一部劇本，對後世的戲劇藝術發展有深遠影響。

此焉耆-龜兹文殘卷，以婆羅米中亞斜體字母（現在一般稱“絲路北道婆羅米字體”）書寫，是“迄今爲止所發現的这个文獻最長的手稿殘葉”（季羡林語），具有十分重要的學術和文獻價值。全書紙呈黄褐色，發現時重疊在一起，左端遭火焚燒，殘損不全。

（新疆維吾爾自治區博物館）

37. 粟特文書信　粟特文
九世紀中葉寫本

卷軸裝。高26釐米，長268釐米。存135行。1980年發現於吐魯番柏孜克里克石窟。吐魯番博物館藏。入選第三批《國家珍貴古籍名録》，名録號09613。

該寫本由九張紙粘貼連接而成，接縫等處鈐有朱印，中間爲一幅工筆重彩伎樂圖，内有金字標題一行。

收信人名爲瑪律·阿魯亞曼·普夫耳，是摩尼教東方教區的慕闍。摩尼教教團分爲十二個教區，各教區人員分爲五個等級，除普通信徒和僧尼外，另設一位慕闍、六位拂多誕、三十位默奚悉德，慕闍是其中等級最高的稱號。柏孜克里克千佛洞發現的書信表明，當時東方教區的慕闍曾經在該地區生活居住。

（吐魯番博物館）

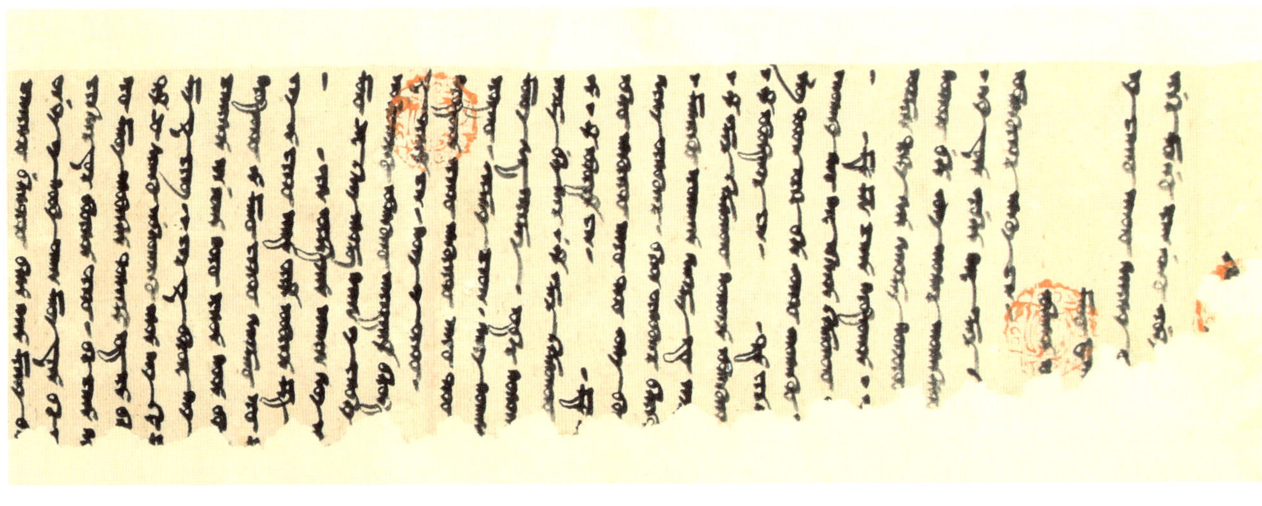

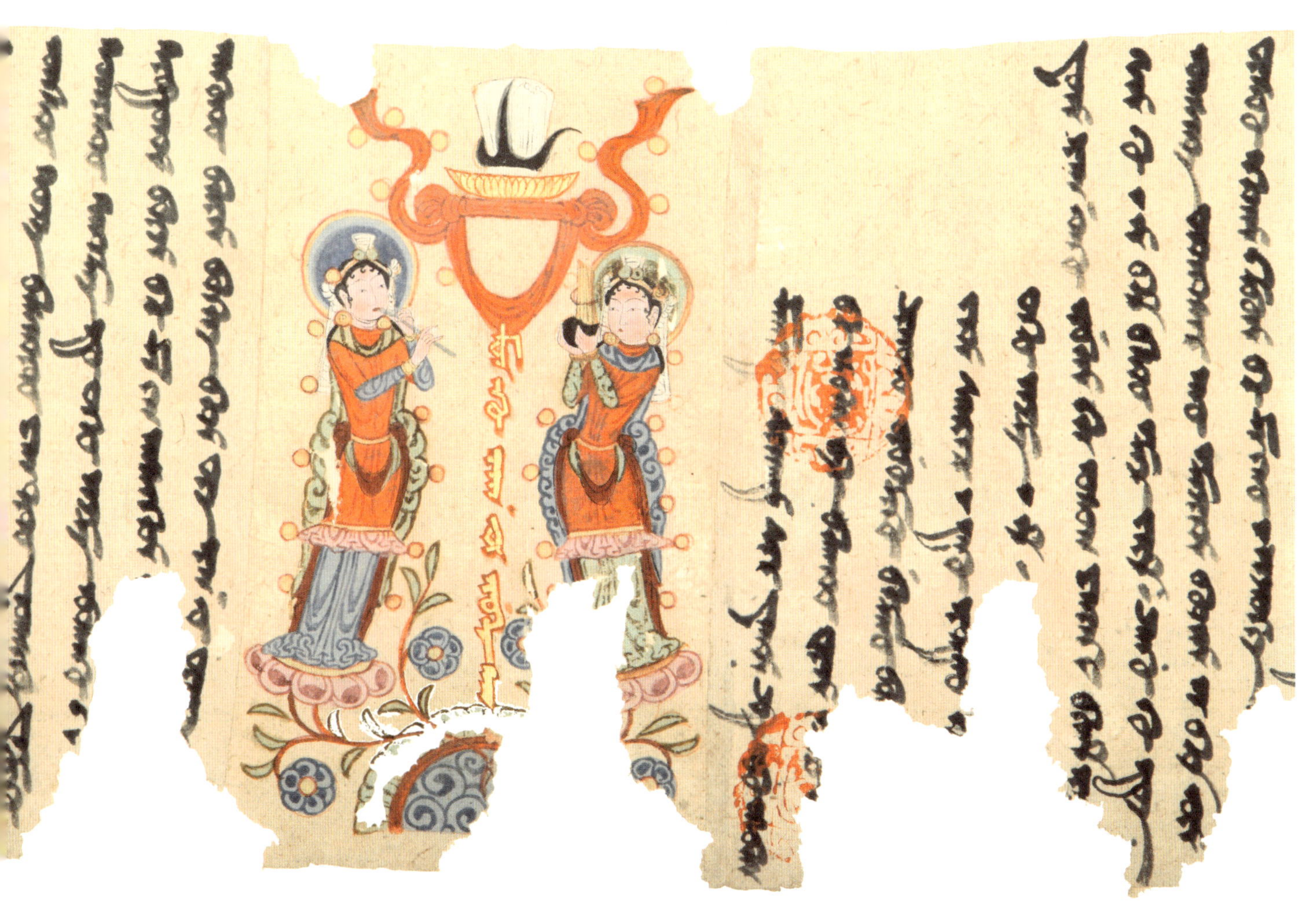

38. 五守護神大乘經　藏文
清康熙六十一年（1722）北京刻本

梵夾裝。開本高16釐米，廣53.5釐米。框高10.3釐米，廣40.6釐米。每葉7行，四周雙邊。中國科學院新疆分院文獻信息中心藏。入選第四批《國家珍貴古籍名録》，名録號11202。

藏文本《五守護神大乘經》由班第達葉西從梵文譯爲藏文。保存完整。内有漢文題記："大清康熙陸拾壹年八月吉日傅君燦成造。"該書内有六張朱印佛像。刻工精緻，字體精美，版口以藏、漢兩種文字標注葉碼。

（嘎力敦）

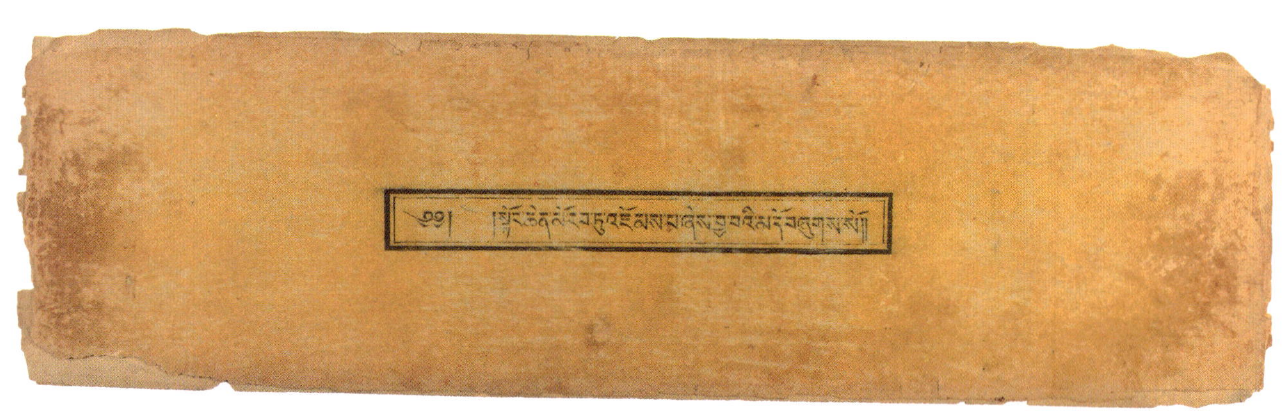

མོ་རྣམས་ཀྱི་མིང་ཐུང་ངུ་ཞིག །འདི་ལྟ་སྟེ། སྲིན་མོ་སེར་སྐྱ་མོ་ཞེས་བྱ་བ་དང་། སྲིན་མོ་པདྨ་ཞེས་བྱ་བ་དང་། སྲིན་མོ་མ་ཧེ་མོ་ཞེས་བྱ་བ་དང་། སྲིན་མོ་དཀར་མོ་ཞེས་བྱ་བ་དང་། སྲིན་མོ་
དབུ་བ་ཅན་ཞེས་བྱ་བ་དང་། སྲིན་མོ་འབར་མ་ཞེས་བྱ་བ་དང་། སྲིན་མོ་གདུང་མ་ཞེས་བྱ་བ་དང་། སྲིན་མོ་ཐུམ་པ་ཅན་ཞེས་བྱ་བ་དང་། སྲིན་མོ་དྲི་མེད་ཅེས་བྱ་བ་དང་། སྲིན་མོ་ས་ཞེས་བྱ་
བ་དང་། སྲིན་མོ་སེང་གེའི་ཀླུ་བ་ཞེས་བྱ་བ་དང་། སྲིན་མོ་སྣ་རམ་ཞེས་བྱ་བ་དང་། སྲིན་མོ་འོད་ཟེར་དང་། སྲིན་མོ་སྤྲིན་སྤོག་ཟ་བ་དང་། སྲིན་མོ་ཀུ་ལྟ་འི་ཀུ་མ་དང་། སྲིན་མོ་ནག་མོ་དང་།
སྲིན་མོ་གླང་ཆེན་མ་དང་། སྲིན་མོ་སྟོབས་ཆེན་མ་དང་། སྲིན་མོ་ཟ་བ་མོ་དང་། སྲིན་མོ་ལག་འགྲོམ་དང་། སྲིན་མོ་བཀང་གི་དང་། སྲིན་མོ་དམར་སེར་མོ་དང་། སྲིན་མོ་ཐོགས་པ་འཛིན་
དང་། སྲིན་མོ་གདུམ་མོ་དང་། སྲིན་མོ་རི་འཛིན་དང་། སྲིན་མོ་གྲུལ་བུམ་དང་། སྲིན་མོ་ཆོས་ངན་དང་། སྲིན་མོ་སྣོག་བྱེད་མ་དང་། སྲིན་མོ་རྒྱ་གསམ་དང་། སྲིན་མོ་མང་ལ་ཟམ་དང་།
སྲིན་མོ་ཁྲག་ཟམ་དང་། སྲིན་མོ་སོ་སྡོམ་དང་། སྲིན་མོ་སྤུངས་བྱེད་མ་དང་། སྲིན་མོ་ཚངས་པམ་དང་། སྲིན་མོ་ལྡིང་ཀ་སྐྱོང་དང་། སྲིན་མོ་རྡོ་རྗེ་འཛིན་དང་། སྲིན་མོ་སྐེམ་བྱེད་མ་དང་།
སྲིན་མོ་སྨུན་པ་དང་། སྲིན་མོ་ཆར་འབེབས་དང་། སྲིན་མོ་འབྲུག་སྒྲོགས་དང་། སྲིན་མོ་འགེམས་མ་དང་། སྲིན་མོ་སྡང་བྱེད་མ་དང་། སྲིན་མོ་འགྲེམ་དང་། སྲིན་མོ་སྤྲིན་མ་ཁ་དང་།

༄༅། །སྲིན་མོ་རོ་ར་འཛིན་དང་། སྲིན་མོ་མཚན་མོ་ནག་མོ་དང་། སྲིན་མོ་ག་ཤིན་རྗེའི་པོ་ཉ་མོ་དང་། སྲིན་མོ་དྲི་མ་མེད་དང་། སྲིན་མོ་སྟོབས་བཟང་མ་དང་། སྲིན་མོ་
རལ་པ་འཕྱེད་དང་། སྲིན་མོ་མི་གེ་བརྒྱམ་དང་། སྲིན་མོ་ལག་བརྒྱམ་དང་། སྲིན་མོ་མིག་བརྒྱམ་དང་། སྲིན་མོ་གནོད་བྱེད་མ་དང་། སྲིན་མོ་འཛོམས་མ་དང་། སྲིན་མོ་ཁྲིལ་མོ་དང་།
སྲིན་མོ་ཟླ་བ་དང་། སྲིན་མོ་མཚན་མོ་རྒྱུ་དང་། སྲིན་མོ་ཉིན་མོ་རྒྱུ་དང་། སྲིན་མོ་ཞིག་སམ་དང་། སྲིན་མོ་ཁྲོ་མོ་དང་། སྲིན་མོ་རྨུམ་པར་འཆེ་དང་། སྲིན་མོ་རལ་པ་ཅན་དང་། སྲིན་མོ་
ལག་ན་གདུང་ཤིང་འཛིན་དང་། སྲིན་མོ་ལག་ན་ཅེ་གསུམ་མ་དང་། སྲིན་མོ་སེ་བྲོད་མ་དང་། སྲིན་མོ་ཡིད་དུ་འོང་དང་། སྲིན་མོ་དེས་མ་དང་། སྲིན་མོ་གདུམ་མོ་དང་། སྲིན་མོ་
སྔོ་དང་། སྲིན་མོ་འགྲོ་འབྲུག་མ་དང་། སྲིན་མོ་སྔོན་མོ་དང་། སྲིན་མོ་ཁྲམ་མོ་དང་། སྲིན་མོ་ཆེན་མོ་བདུན་ཅུ་པོ་འདི་དག་ནི། རྫུ་འཕྲུལ་དང་ལྡན་པ། འོད་དང་ལྡན་པ། ཁ་དོག་དང་
ལྡན་པ། གྲགས་པ་དང་ལྡན་པ། རྫུ་འཕྲུལ་ཆེ་བ། ལྷ་དང་ལྷ་མ་ཡིན་གྱི་གཡུལ་དག་ཀྱང་རྒྱང་བར་བྱེད་པ་དག་གི །དེ་དག་གིས་ཀྱང་རིག་སྔགས་ཀྱི་རྒྱལ་མོ་རྨ་བྱ་ཆེན་མོ
འདིས་བདག་ལ་བསྲུང་བ་བྱས་ཤིག །ལོ་བརྒྱར་འཚོ་བར་གྱུར་ཅིག །སྟོན་བརྒྱ་མཐོང་བར་ཤོག་ཅིག །ཏདྱཐཱ། ཧི་ལི་ཧི་ལི། ཧི་ལི་ཧི་ལི། མི་ལི་མི་ལི་མི་ལི་མི་ལི། མི་ལི་མི

དང་། གཉིས་ལྟག་ཐང་པ་ར་བྱ་བའི་ཕྱིར། ཆོས་ཀྱི་ཕུང་པོ་བརྒྱད་ཁྲི་བཞི་སྟོང་བསྟན་པ་དང་། བྱ་ཤད་པ་དང་། བརྗོད་པ་ཞི་བ་དེ་ཉན་པ་དང་། བདེན་པའི་ཚིག་དེས། མིང་
འདི་ཞེས་བྱ་བའི་ནད་བཞི་བརྒྱ་རྩ་བཞི་ཞི་བར་གྱུར་ཅིག །མེད་པར་གྱུར་ཅིག །ཞི་བར་གྱུར་ཅིག །རབ་ཏུ་ཞི་བར་གྱུར་ཅིག །བཅོམ་ལྡན་འདས་ཀྱིས་དེ་སྐད་ཅེས
བཀའ་སྩལ་ནས། ཚེ་དང་ལྡན་པ་ཀུན་དགའ་བོ་དང་། མི་མ་ཛེར་གྱི་བདག་པོ་ཚངས་པ་དང་། ལྷ་དང་། མི་དང་། ལྷ་མ་ཡིན་དང་། དྲི་ཟ་དང་བཅས་པའི་འཇིག་རྟེན
ཡི་རངས་ཏེ། བཅོམ་ལྡན་འདས་ཀྱིས་གསུངས་པ་ལ་མངོན་པར་བསྟོད་དོ།། །།གསང་སྔགས་ཆེན་མོ་རྗེས་སུ་འཛིན་པ་ཞེས་བྱ་བའི་མདོ་རྫོགས་སོ།། མངྒ་ལཾ

大清康熙陸拾壹年八月吉日傅君燦成造

39. 彌勒會見記　回鶻文

智護法師譯

公元1067年寫本

梵夾裝。開本高21.5釐米，廣48.6釐米。每紙30至31行，正背兩面書寫。存293葉。1959年發現於哈密縣。新疆維吾爾自治區博物館藏。入選第一批《國家珍貴古籍名録》，名録號02302。

該寫本保存較爲完整，是國内所藏篇幅最大的回鶻文寫本。《彌勒會見記》是一部佛教分幕劇作，是聖月菩薩大師由印度語譯爲焉耆文，再由智護法師轉譯爲回鶻文，對研究古代回鶻人語言、宗教、戲劇形成史有較高學術價值。

紙質厚硬，呈黄褐色。文字從左至右用墨筆豎寫，寫經體，並在左側注明品、葉，從左7至10行間用淡墨細綫勾出直徑爲4.6釐米的圓圈，中有一小孔，用以穿繩，爲研究回鶻文梵夾裝形制提供了重要的實物資料。

（新疆維吾爾自治區博物館）

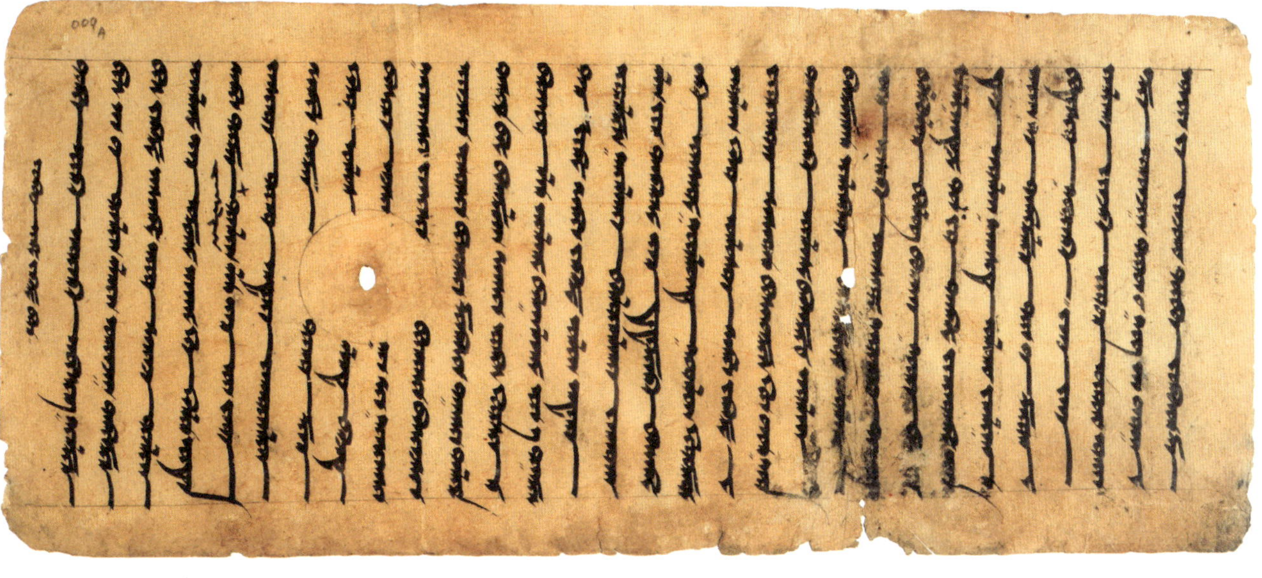

40. 大般涅槃經　回鶻文
北宋寫本

殘片。開本高19.5釐米，廣23釐米。正背兩面書寫。正面16行，背面14行。1978年發現於吐魯番柏孜克里克石窟。新疆維吾爾自治區博物館藏。入選第二批《國家珍貴古籍名録》，名録號06667。

此經根據曇無讖（Dharmaksema）所譯四十卷漢文本（即《北本》）譯成，主要内容爲“佛身常在”和“一切衆生，悉有佛性”等大乘思想。

（新疆維吾爾自治區博物館）

D16050
78TMC:1

41. 藥師琉璃光七佛本願功德經　回鶻文　元刻本

經折裝。開本高26.5釐米，廣13釐米。框高22.5釐米。半葉6行。存66行。1980年發現於吐魯番。新疆維吾爾自治區博物館藏。入選第一批《國家珍貴古籍名録》，名録號02303。

該本現已裝裱。譯自義净漢文譯本。字體粗大工整，清晰易讀。

（新疆維吾爾自治區博物館）

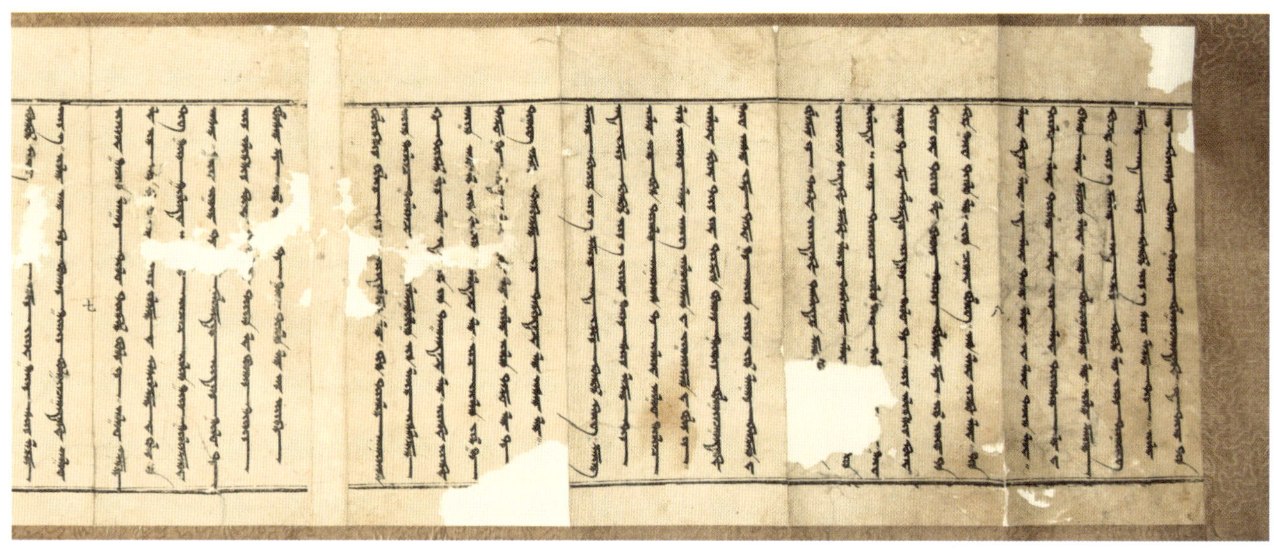

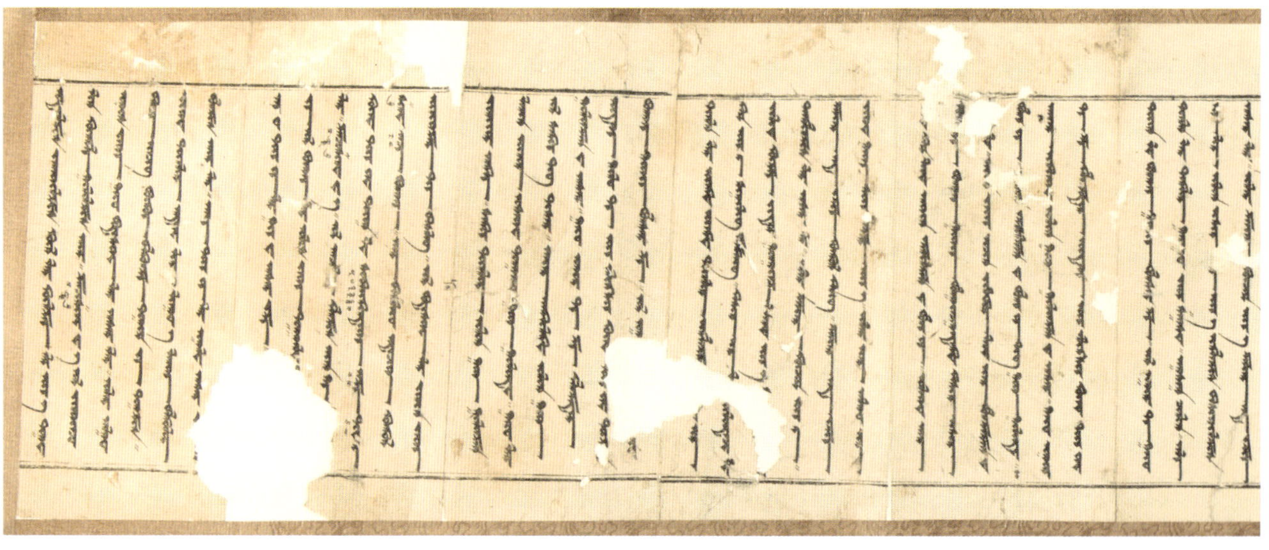

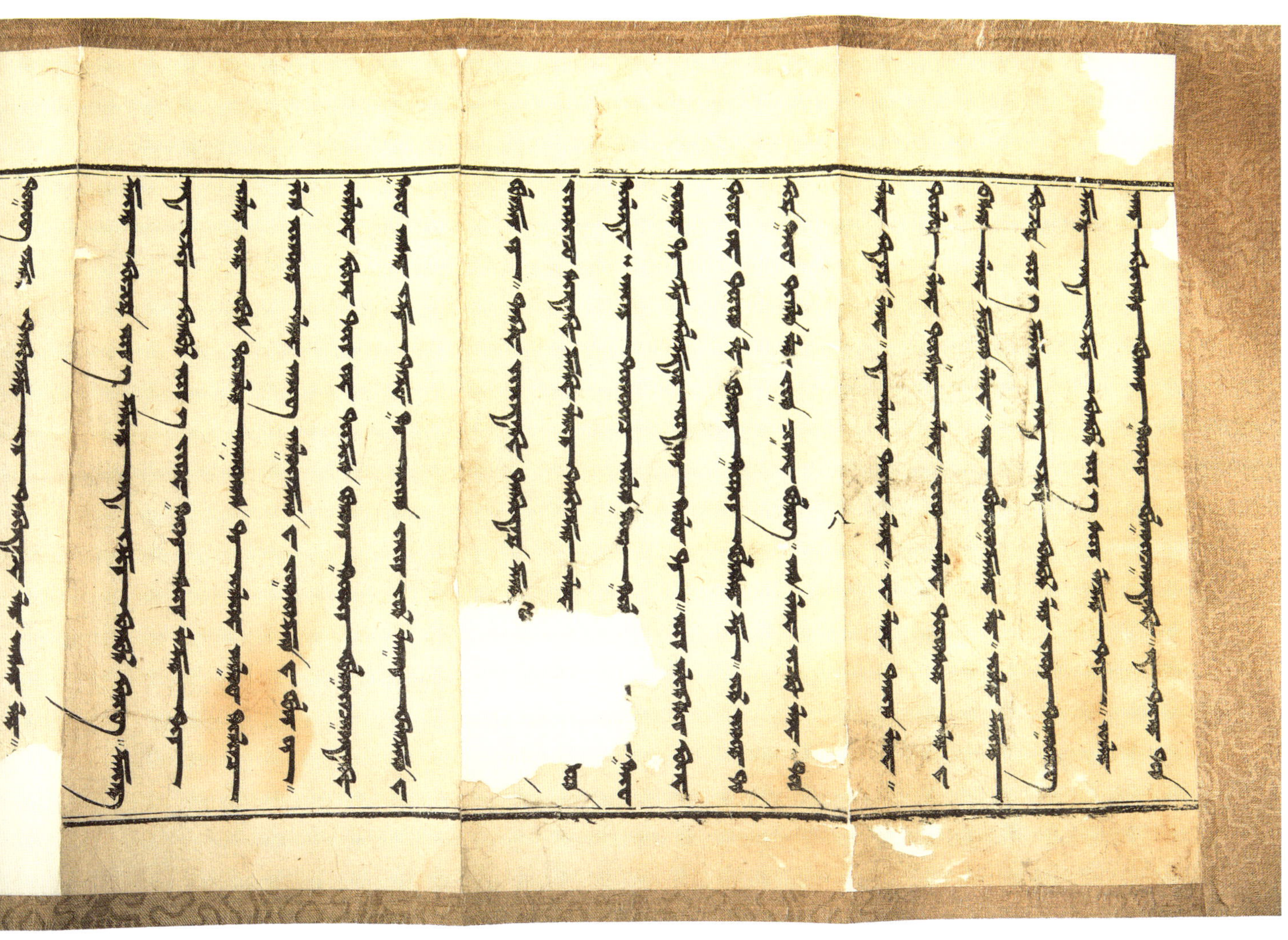

42. 五守護神大乘經 蒙古文
清康熙十二年（1673）北京刻本

梵夾裝。開本高19.5釐米，廣56釐米。框高13.5釐米，廣40.7釐米。行字不等，四周雙邊。中國科學院新疆分院文獻信息中心藏。入選第四批《國家珍貴古籍名録》，名録號11234。

該書内有五張彩繪佛像（金粉描繪），版口有蒙、漢兩種文字葉碼。刻工精緻，字體精美。

（嘎力敦）

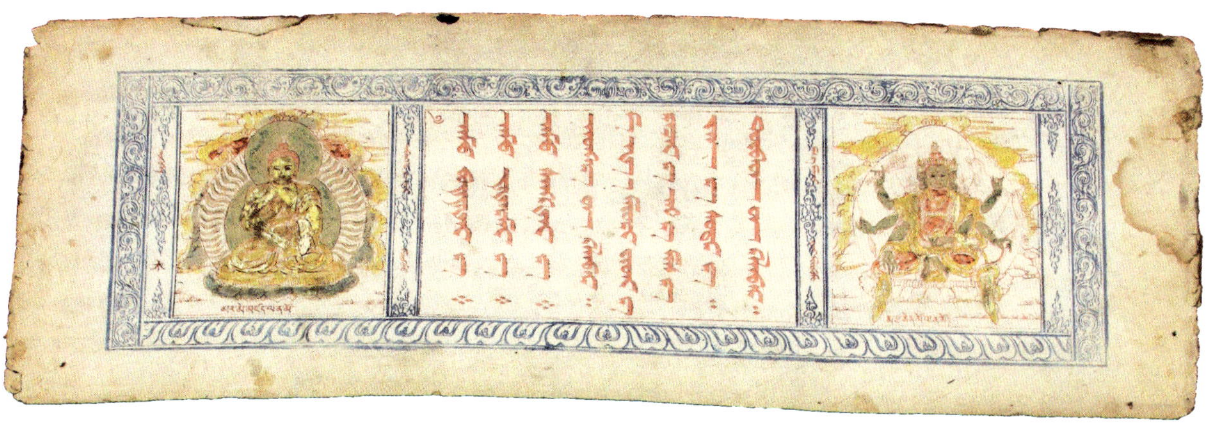

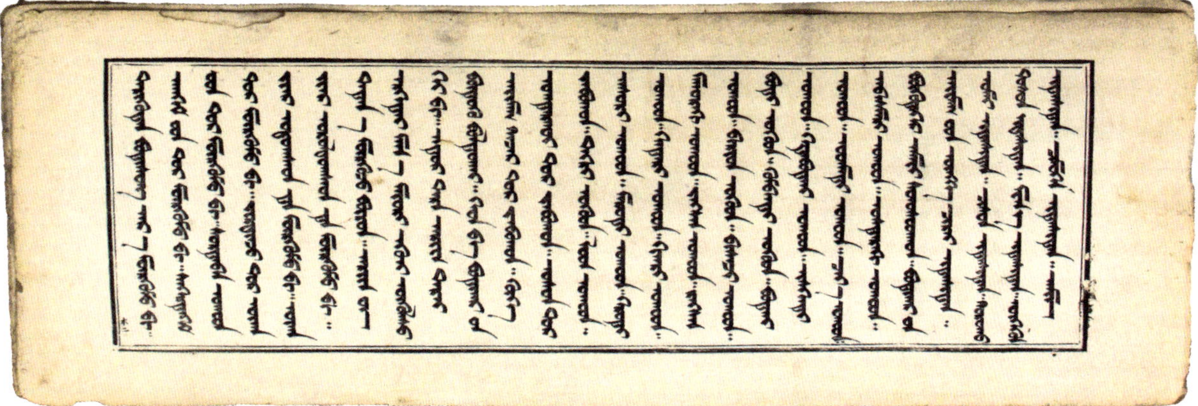

43. 聖懺悔滅罪大解脱普聞成等正覺莊嚴大乘經　托忒蒙古文　清金銀字寫本

梵夾裝。開本高14.5釐米，廣50釐米。新疆維吾爾自治區少數民族古籍搜集整理出版規劃領導小組辦公室藏。入選第三批《國家珍貴古籍名録》，名録號09701。

該書主要内容涉及修行佛法時守十戒真、請供三世十面八方諸佛、懺悔一切罪孽即可脱離苦海升往極樂净土或獲佛果等。此外還介紹了佛祖的十種名號、三十二相、地獄、修法四則等各種名相。全書1册156葉，是目前國内發現的唯一一部使用黑桑皮紙泥金銀抄寫的托忒蒙古文文獻。

（嘎力敦）

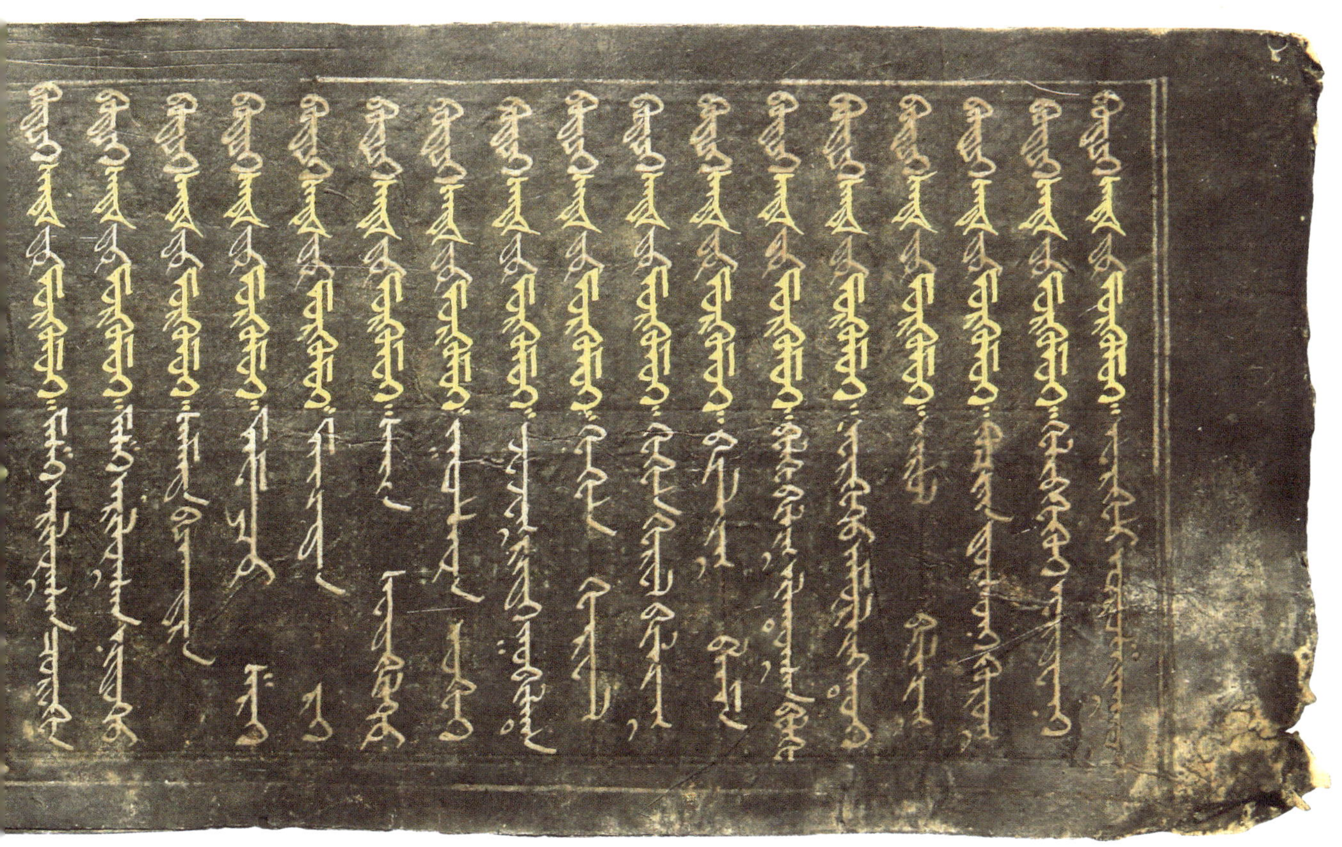

44. 魔屍的故事　托忒蒙古文
〔清〕索多納木·巴拉朱爾譯
清抄本

梵夾裝。開本高13釐米，廣46釐米。新疆維吾爾自治區少數民族古籍搜集整理出版規劃領導小組辦公室藏。入選第三批《國家珍貴古籍名録》，名録號09698。

該書譯於公元1701年，講述了阿木龍汗爲了贖罪，經過二十多次失敗，最終戰勝魔屍的故事。本書對研究蒙古族文學具有參考價值。全書2册97葉，使用桑皮紙抄寫。

（嘎力敦）

45. 真實善王本生故事 托忒蒙古文 清抄本

梵夾裝。開本高10釐米，廣40釐米。新疆維吾爾自治區少數民族古籍搜集整理出版規劃領導小組辦公室藏。入選第三批《國家珍貴古籍名録》，名録號09702。

又名《阿優齊肯、阿布海其其格的故事》。主要講述善意王國君臣與妖魔鬥争的故事，最終妖魔被打敗，善意王的國民過上了幸福生活。該書對研究蒙古族語言、文學具有重要的參考價值。全書2册256葉，使用桑皮紙抄寫，字體優美，保存完好。

（嘎力敦）

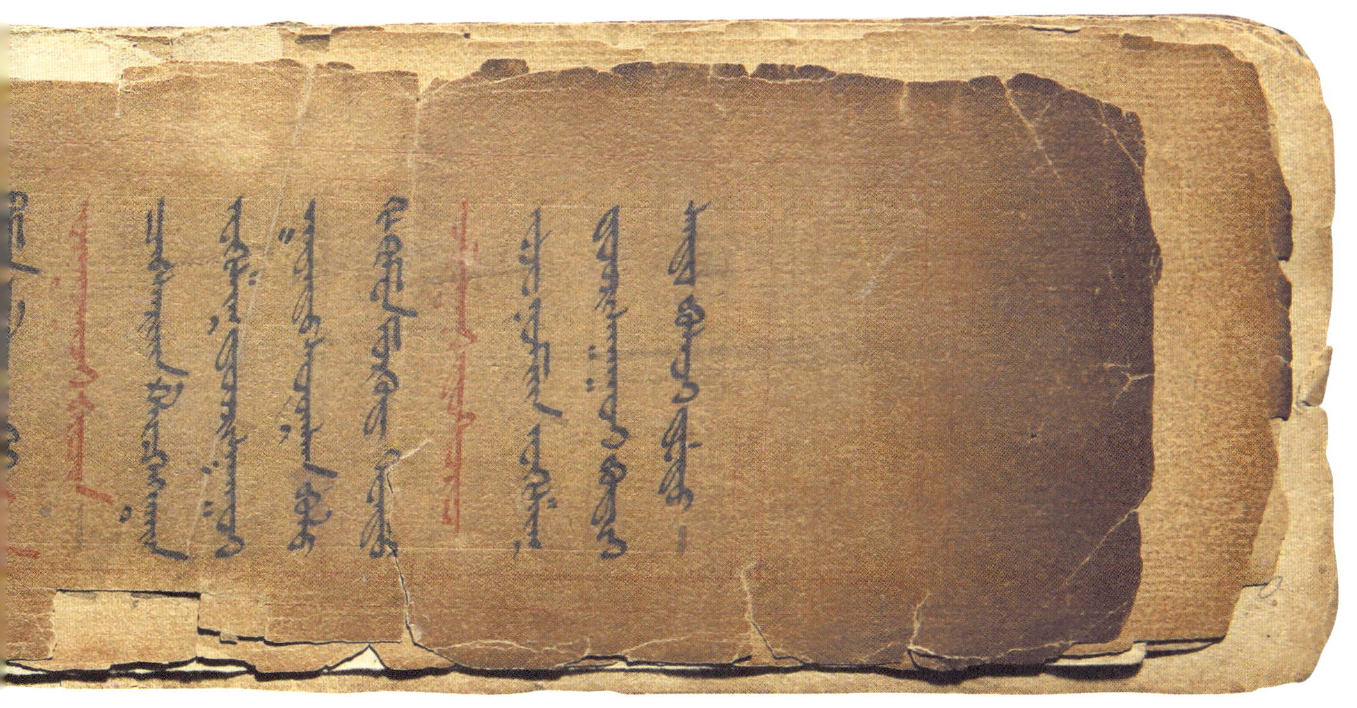

46. 烏訥素珠克圖舊土爾扈特與青色特奇勒圖新土爾扈特之汗諾顔世系源流

托忒蒙古文

清末抄本

綫裝。開本高36.5釐米，廣24.5釐米。巴音郭楞蒙古自治州和静縣博物館藏。入選第四批《國家珍貴古籍名録》，名録號11247。

有學者認爲該書完成年代應在十九至二十世紀間。分爲三部分：土爾扈特部的來源及成爲四衛拉特部之一的歷史，土爾扈特汗、諾顔的世系，跋文。此文獻具有完整的史學敘事特點，即由部落的起源談到汗王的世襲，最後在跋文中交代了作者之所以編纂這一系譜的原因。作者在收筆前再次强調了記住家族系譜的重要性，並詳細描述了系譜親疏的劃分方法。

該抄本爲黄色綢緞封面，裏面爲乳白色、淺黄色油布，畫有界格。清朝所封汗王、郡王、台吉等扎薩克諾顔及大喇嘛名諱爲紅色，其他敘述内容爲黑色。全書共41張82面，文字部分69葉，葉碼爲藏文數字，以木筆書寫而成。

（才仁加甫）

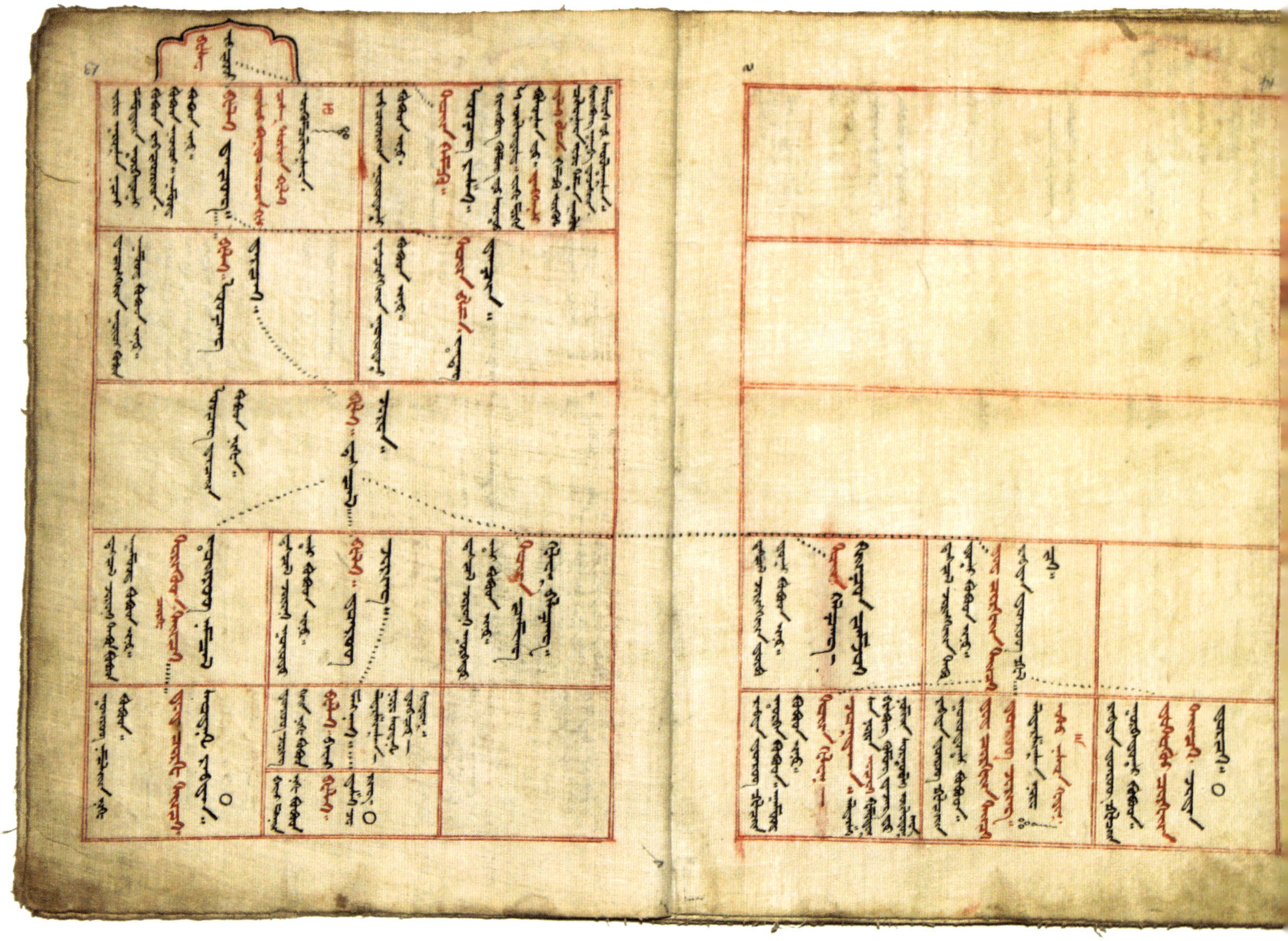

47. 江格爾擊敗殘暴古日古木之章

托忒蒙古文

清抄本

册葉裝。開本高17釐米，廣20.5釐米。新疆維吾爾自治區少數民族古籍搜集整理出版規劃領導小組辦公室藏。入選第四批《國家珍貴古籍名録》，名録號11248。

該書成書於十八至十九世紀，是英雄史詩《江格爾》中的篇章，講述了江格爾可汗率領洪古爾等十二位勇士戰勝敵人、捍衛領土的故事。《江格爾》是中國三大史詩之一，主要流傳於我國新疆衛拉特蒙古人中。同時，還流傳於俄羅斯卡爾梅克、圖瓦、布里亞特三個共和國，以及蒙古國部分省份，是一個跨地區、跨國界的作品，現今仍廣爲流傳。此書對研究英雄史詩有較高參考價值。

（嘎力敦）

48. 艾合拉庫穆赫斯恁尼（穆斯林美德）

察合台文

明末抄本

冊葉裝。開本高28釐米，廣20釐米。新疆維吾爾自治區少數民族古籍搜集整理出版規劃領導小組辦公室藏。入選第四批《國家珍貴古籍名録》，名録號11249。

據專家考證，該書爲十六世紀初麥吾拉納·玉賽因·瓦依玆卡什菲撰寫的關於禮儀道德教育的著作。全書以故事、傳説、警句和詩歌形式，記述穆斯林要遵守的道德準則，以及從政治、法律、宗教、歷史、文化等方面社會實踐中總結出的經驗教訓。本書對研究維吾爾社會禮節儀式、道德觀念和維吾爾語演變發展歷史提供了重要資料。全書使用桑皮紙抄寫，爲納斯塔里克字體。

（艾爾肯·伊明尼牙孜·庫吐魯克）

49. **穆聖傳** 察合台文 清雍正元年（1723）抄本

册葉裝。開本高36釐米，廣26.5釐米。新疆維吾爾自治區圖書館藏。入選第三批《國家珍貴古籍名録》，名録號09703。

該書是一部人物傳記，記述了伊斯蘭教先知穆罕默德的家族譜系、生平經歷和社會交往情況，並以問答的形式記録了他與弟子對世界萬物的認識。本書對研究伊斯蘭歷史、維吾爾傳記文學，以及維吾爾語的發展轉變過程具有重要價值。全書使用桑皮紙抄寫。

（吾斯曼·庫爾班）

107 — 105

106 — 104

50. **海米塞（五卷詩）** 察合台文
艾里希爾·納瓦依撰
清乾隆四十一年（1776）抄本

册葉裝。開本高25釐米，廣14.5釐米。新疆大學圖書館藏。入選第四批《國家珍貴古籍名録》，名録號11250。

“海米塞”一詞來源於阿拉伯語Hamis（意爲“五”“五部”“五卷”），在伊斯蘭文學中，一般譯爲“五卷詩集”“五卷集”。艾里希爾·納瓦依（1441—1501）的《海米塞（五卷詩）》是其文學創作的巔峰，也是維吾爾文學史上一部劃時代的作品。該書由詩人於公元1483—1485年間在赫拉特寫作完成。《五卷詩》包括《正直者的驚愕》（又譯爲《君子神往》）、《帕爾哈德與西琳》、《萊麗與麥吉儂》、《七星圖》、《伊斯坎德爾城堡》五部叙事長詩。第一部是哲理性長詩，第五部以亞歷山大東征爲題材，是有關理想國家與理想君主的詩作，其餘三部均爲愛情題材的長詩。該書内容非常廣泛，如道德品質、科學文化、愛情的悲歡離合、人間的友誼、國家的安危、家庭的幸福等，對研究當時的社會歷史具有重要的文獻價值。

（茹黑也木·吾斯曼）

بسم الله الرحمن الرحيم

51. 穆斯林要則 察合台文
十八世紀初抄本

册葉裝。開本高30釐米，廣21釐米。新疆維吾爾自治區少數民族古籍搜集整理出版規劃領導小組辦公室藏。入選第三批《國家珍貴古籍名録》，名録號09705。

該書是關於伊斯蘭教知識的著作。闡釋了真主的存在性、獨一性和先知穆罕默德受真主差遣的使命，及《古蘭經》是真主的偉言等内容。它以《古蘭經》聖訓爲依據，記述了伊斯蘭教一日五番拜、齋月齋戒、爲净化錢財繳納天課、向真主獻牲、朝覲等功修的要素、條件、程式等，對研究伊斯蘭教教規具有一定參考價值。全書使用桑皮紙抄寫。

（艾爾肯·伊明尼牙孜·庫吐魯克）

52. **天堂的鑰匙** 察合台文
阿布都熱合曼·賈米撰
十八世紀末抄本

册葉裝。開本高36釐米，廣23釐米。新疆維吾爾自治區圖書館藏。入選第三批《國家珍貴古籍名録》，名録號09706。

該書是講述伊斯蘭教義的著作。共25章，每章分幾個短節。1至6章主要記述先知穆罕默德的個性品德，解釋一天五次禮拜中各種祈禱詞的意義，大小净、封齋、慈善捐助、好待客人的功德和報償等。7至14章主要倡導多做善事、做有修養的人、在他人面前少説多聽、少責怪他人、學會控制自己的情緒、不擺架子、不貪得無厭、不撒謊、要善待父母、孝順等。15至25章主要倡導人要知足、忍耐、公正、不冤枉他人、多祭拜祖先等。

（吾斯曼·庫爾班）

53. **納瓦依詩集** 察合台文
艾里希爾·納瓦依撰
清抄本

册葉裝。開本高31.3釐米，廣19釐米。新疆維吾爾自治區圖書館藏。入選第一批《國家珍貴古籍名録》，名録號02338。

該書是十五世紀著名的維吾爾族詩人、思想家艾里希爾·納瓦依的主要著作之一，是關於各類社會現實題材的抒情詩選，歌頌了愛情與友情，描述了對真摯的愛情的渴望，鼓勵人們追求人與人之間的平等公正，主張愛國主義、人道主義，贊頌英雄美人的事蹟等。詩中始終貫穿着對忠貞不渝愛情的贊賞。此外，還記載了作者對當時政府政策、法律執行情況，老百姓生活狀況、風俗習慣，及某些社會現象的看法等。此書抄寫工整，每葉均有精美紋飾，極富民族特色，殊爲珍貴。

（吾斯曼·庫爾班）

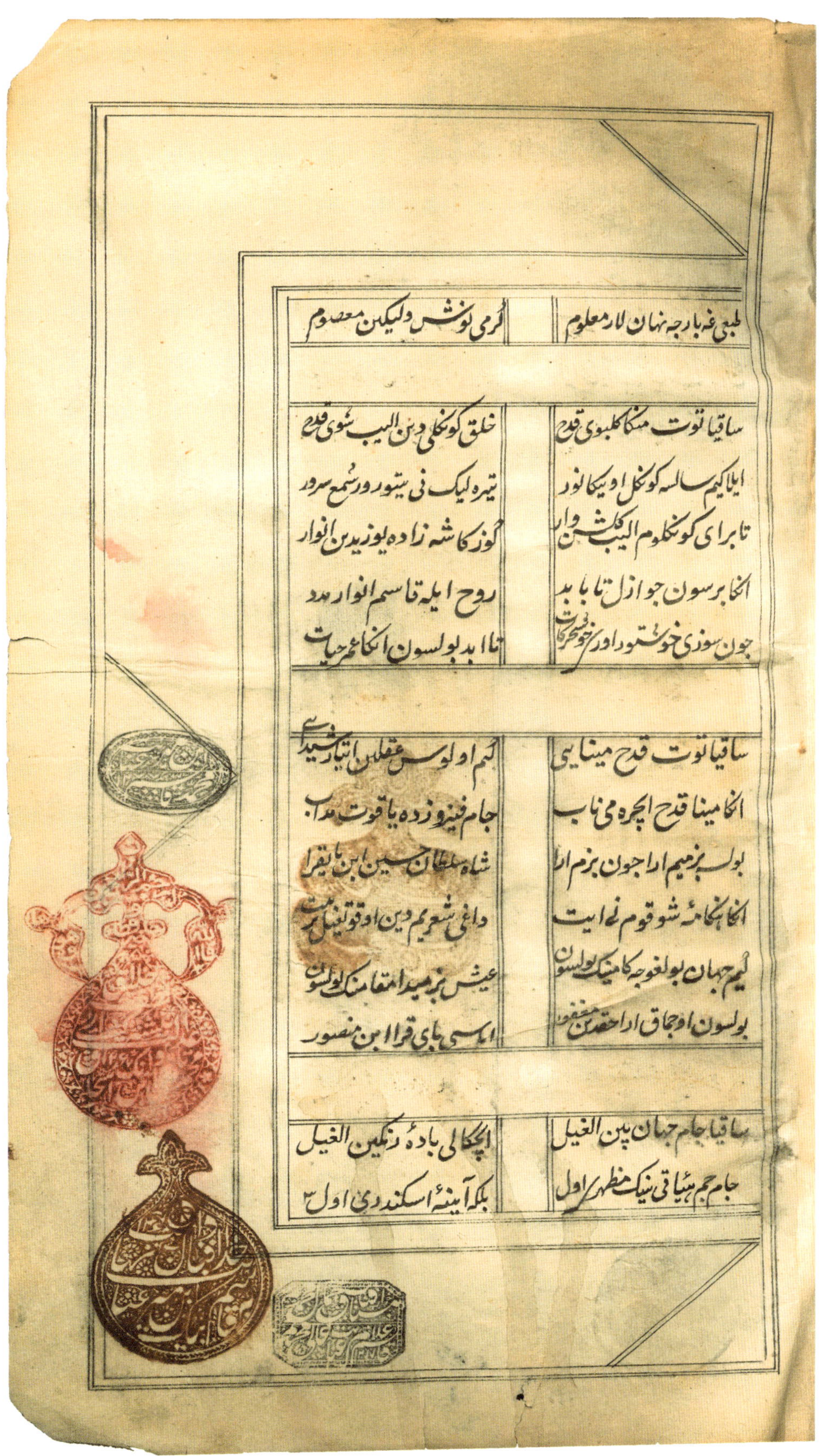

طبعی غه بارچه نهان لار معلوم — گرمی توشش ولیکین معصوم

ساقیا توت منکا کلبوی قدح — خلق کونکلی دین الیب شوی فرح

ایلا کیم سالسه کونکل اویکا نور — تیره لیک نی بیتور ور شمع سرور

تا برای کونکلوم الیب کلشن وار — کوز کاشه زاده یوزیدین انوار

انکا برسون جو ازل تا بابد — روح ایله قاسم انوار مدد

جون سوزی خوش توداور نحو حرکات — تا ابد بولسون انکا نغمه حیات

ساقیا توت قدح مینایی — کیم اولوس عقلین الیبدور [illegible]

انکا مینا قدح اچره می ناب — جام فیروزه ده یاقوت مذاب

بول بزمیم ادا جون بزم ارا — شاه سلطان حسین ابن بایقرا

انکا کیم نشو نما تاپتی — داغی شعریم دین او قوتیل [illegible]

کیم جهان بولغوچه کامینک بولسون — عیش بزمیده انکا منک بولسون

بولسون اوجاق ادا حضرت مقصود — اتاسی بای قرا ابن منصور

ساقیا جام جهان بین الغیل — ایچکالی باده رنگین الغیل

جام جم هیاتی نینک مظهری اول — بلکه آینهٔ اسکندری اول

54. 納瓦依詩集　察合台文
艾里希爾・納瓦依撰
十八世紀末抄本

册葉裝。開本高18釐米，廣11釐米。新疆維吾爾自治區少數民族古籍搜集整理出版規劃領導小組辦公室藏。入選第三批《國家珍貴古籍名録》，名録號09707。

該書對於研究維吾爾族、烏孜别克族經典文學和納瓦依生平、作品、人生觀、創作風格和語言特點等有重要參考價值。

（艾爾肯・伊明尼牙孜・庫吐魯克）

55. 卡里萊與笛木乃　察合台文
清嘉慶五年（1800）抄本

册葉裝。開本高26釐米，廣17釐米。新疆維吾爾自治區少數民族古籍搜集整理出版規劃領導小組辦公室藏。入選第四批《國家珍貴古籍名録》，名録號11251。

該書是一部闡述治國處世之道、充滿道德教育和哲理的寓言故事集，書名取自首章《獅子和公牛》中兩隻胡狼的名字卡里萊、笛木乃。原爲古印度著名寓言和童話故事集，名爲《五卷書》，初爲梵文，大約成書於四世紀。六世紀被譯爲巴列維文（古波斯文），約公元750年從巴列維文譯爲阿拉伯文，十二世紀又從阿拉伯文譯爲波斯文。據專家考證，公元1717年，喀什人毛拉·穆罕默德·鐵木爾從波斯文將此書譯爲察合台文。本書爲研究維吾爾文學翻譯史和當時的維吾爾語提供了珍貴資料。全書使用桑皮紙抄寫，爲納斯塔里克字體。

（艾爾肯·伊明尼牙孜·庫吐魯克）

56. 布格拉汗塔孜克日斯（布格拉汗的傳説） 察合台文
清嘉慶九年（1804）抄本

册葉裝。開本高23.5釐米，廣14.4釐米。新疆大學圖書館藏。入選第四批《國家珍貴古籍名録》，名録號11252。

該書主要講述了十世紀喀拉汗王朝蘇丹·薩圖克·布格拉汗（？—955）的生平傳説，尤其是其信奉伊斯蘭教並將伊斯蘭教傳播於新疆各地的活動，以及其後代哈散·布格拉汗、艾力·阿斯蘭汗、玉素甫·喀迪爾汗、艾赫邁提·托干汗等對于闐、高昌等王國發動的戰争，是研究伊斯蘭教傳入新疆的第一手資料。

（茹黑也木·吾斯曼）

57. **卡爾巴拉依戰役** 察合台文

哈孜伊麻目・穆罕默德・哈納菲撰

清嘉慶十一年（1806）抄本

册葉裝。開本高24釐米，廣18釐米。新疆維吾爾自治區圖書館藏。入選第三批《國家珍貴古籍名録》，名録號09704。

該書是關於卡爾巴拉戰役的歷史傳述。卡爾巴拉戰役是伊斯蘭教第二次内戰中的戰役之一。公元680年，伍麥耶王朝首任哈里發穆阿維葉去世，其子葉齊德繼位。伊斯蘭教第四任哈里發阿里之子侯賽因和第二任哈里發歐麥爾之子阿布杜拉等人認爲此舉違反了哈里發應由民主選舉的慣例，拒絶宣誓。侯賽因率領隨從者離開麥加，前往庫法，在卡爾巴拉（今伊拉克境内）遭到葉齊德軍隊的襲擊，發生激烈戰争，侯賽因及其隨從者全部罹難。

（吾斯曼・庫爾班）

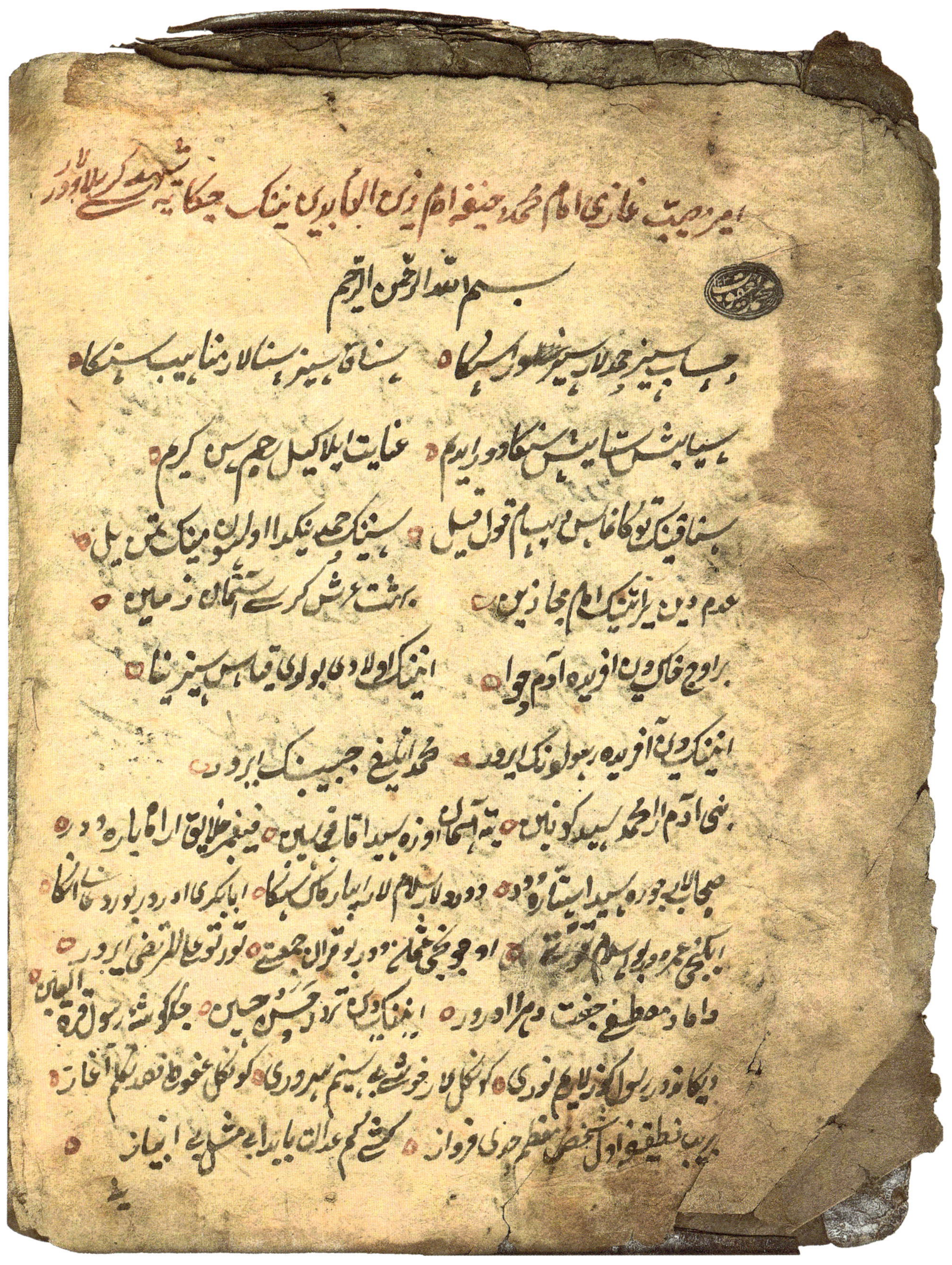

بسم الله الرحمن الرحیم

58. 麥赫布布里庫魯夫（鍾心之鎖）

察合台文

艾里希爾·納瓦依撰

清嘉慶十三年（1808）毛拉托乎提抄本

册葉裝。開本高20釐米，廣13釐米。新疆維吾爾自治區少數民族古籍搜集整理出版規劃領導小組辦公室藏。入選第四批《國家珍貴古籍名録》，名録號11253。

該書又名《情之所鍾》《心之所鍾》，撰寫於公元1500年，書中納瓦依總結了自己從青年到晚年的人生經驗，是其社會政治觀點、道德觀念、哲學思想的重要結晶，對於研究維吾爾古典文學和納瓦依生平、思想、作品、創作風格和語言特點具有重要參考價值。全書使用桑皮紙抄寫，爲納斯塔里克字體。

（艾爾肯·伊明尼牙孜·庫吐魯克）

اون برنجی فصل شیخ الاسلام ذکریدا اون ایکنجی
فصل قضات ذکریدا اون اوچونجی فصل
مفتی فقیه لار ذکریدا اون تورتونجی فصل مدرس
لار ذکریدا اون بشنجی فصل طلبا لار ذکریدا
اون التنجی فصل [illegible] ذکریدا اون یتنجی
فصل [illegible] ذکریدا اون سکزنجی فصل
مکتب دار اهلی ذکریدا اون توقوزنجی فصل
امام لار ذکریدا یکرمنجی فصل مؤذنین لار ذکریدا
یکرمه برنجی فصل حافظ لار ذکریدا یکرمه ایکنجی
فصل مطرب و مغنی لار ذکریدا یکرمه اوچونجی
فصل قصه خوان ذکریدا یکرمه تورتونجی
فصل

فصل نصیحت اهلی واعظ لار ذکریدا یکرمه بشنجی فصل
اهل نجوم ذکریدا یکرمه التنجی فصل تجار لار ذکریدا
یکرمه یتنجی فصل شهر دا الیب ساتوچی ذکریدا یکرمه
سکزنجی فصل بازار کاسب لاری ذکریدا یکرمه
توقوزنجی فصل [illegible] اهلی ذکریدا اوتوز
نجی فصل شحنه و زندان [illegible] لار ذکریدا اوتوز
برنجی فصل دهقان لار ذکریدا اوتوز ایکنجی فصل
یتیم [illegible] لار ذکریدا اوتوز اوچونجی فصل غریب زاده
لار ذکریدا اوتوز تورتونجی فصل مبرم گدا لار ذکریدا
اوتوز بشنجی فصل [illegible] قیلغان نوکر لار ذکریدا
لار ذکریدا اوتوز التنجی فصل قوشچی و صیاد لار

59. 安瓦爾蘇海里（蘇海里靈光）

察合台文

清嘉慶二十年（1815）抄本

册葉裝。開本高31釐米，廣22釐米。精裝皮質封面，部分葉殘損。新疆維吾爾自治區少數民族古籍搜集整理出版規劃領導小組辦公室藏。入選第四批《國家珍貴古籍名録》，名録號11254。

據專家考證，該書於公元1565年用波斯文寫成，公元1712年毛拉·穆罕默德·鐵木爾將之譯成察合台文。本書寓知識、哲理於通俗易懂的故事之中，以講故事的方式向人們傳授知識和生活經驗。全書使用桑皮紙抄寫，爲納斯塔里克字體。

（艾爾肯·伊明尼牙孜·庫吐魯克）

60. **殉教者至花園** 察合台文
十九世紀初抄本

册葉裝。開本高32釐米，廣22釐米。新疆維吾爾自治區圖書館藏。入選第三批《國家珍貴古籍名録》，名録號09708。

該書講述了爲傳播伊斯蘭教獻身的伊斯蘭教賢士的生平事蹟。

（吾斯曼·庫爾班）

61. **巴布爾概論** 察合台文

阿哈麥德撰

十九世紀初抄本

册葉裝。開本高27釐米，廣16釐米。新疆維吾爾自治區圖書館藏。入選第三批《國家珍貴古籍名録》，名録號09709。

該書以詩歌的形式講述了伊斯蘭教教義教法，要求穆斯林必須學習先知們的高尚品德、履行伊斯蘭教的五個功課、遵守《古蘭經》和《聖訓》的教規等。

（吾斯曼·庫爾班）

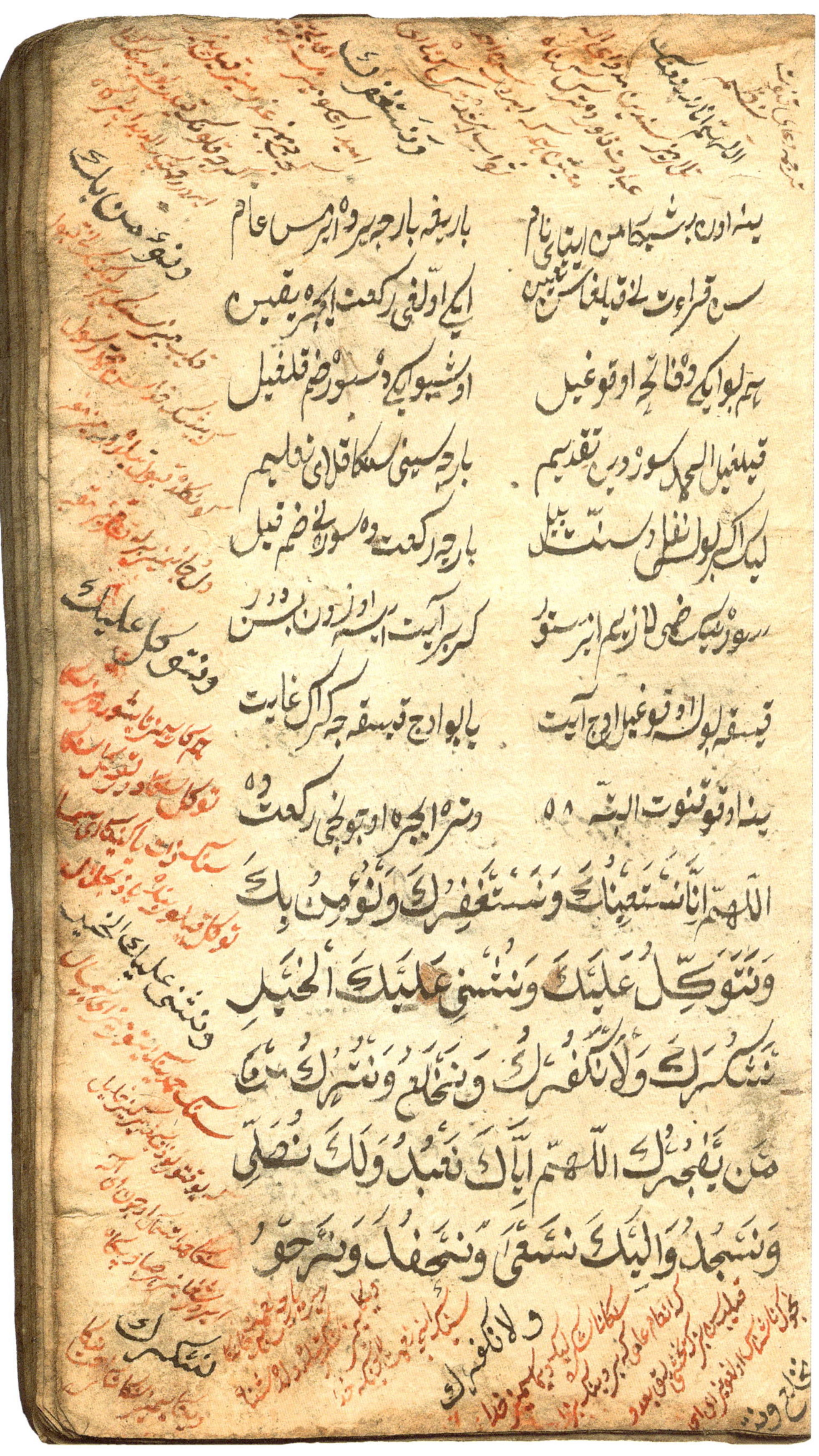

اللهم انا نستعينك ونستغفرك ونؤمن بك
ونتوكل عليك ونثني عليك الخير
نشكرك ولا نكفرك ونخلع ونترك من
من يفجرك اللهم اياك نعبد ولك نصلي
ونسجد واليك نسعى ونحفد ونرجو

62. **穆聖故事記** 察合台文
十九世紀初抄本

册葉裝。開本高30.5釐米，廣20釐米。新疆維吾爾自治區圖書館藏。入選第三批《國家珍貴古籍名録》，名録號09710。

該書講述了伊斯蘭教創始人穆罕默德的生平事蹟，以及他和弟子在傳教過程中與當時阿拉伯半島最大的部落——古萊氏部落鬥争的故事。

（吾斯曼·庫爾班）

63. 艾米爾·阿巴木斯里木傳 察合台文 十九世紀初毛拉伊迷爾·賈拉利丁抄本

册葉裝。開本高30釐米，廣20釐米。新疆維吾爾自治區少數民族古籍搜集整理出版規劃領導小組辦公室藏。入選第二批《國家珍貴古籍名録》，名録號06737。

該書是一部歷史小説，對研究伊斯蘭教文學、歷史、宗教、維吾爾文發展演變過程具有重要價值。全書使用桑皮紙抄寫，爲納斯塔里克字體。

（艾爾肯·伊明尼牙孜·庫吐魯克）

64. **穆聖傳** 察合台文
十九世紀初麥維拉納·穆恩丁抄本

册葉裝。開本高33釐米，廣23釐米。新疆維吾爾自治區少數民族古籍搜集整理出版規劃領導小組辦公室藏。入選第二批《國家珍貴古籍名録》，名録號06738。

該書主要講述了穆罕默德的生平，對研究伊斯蘭教的形成與發展，及察合台文學語言歷史具有參考價值。全書使用桑皮紙抄寫，皮質封面，上有浮雕，裝飾精美。

（艾爾肯·伊明尼牙孜·庫吐魯克）

خوب دور کیم اوتکان وقت نی ینه تاپغالی بولماس و هیچ نرسه وقت دین عزیزراق ایرماس دور
و حدیث دا کلیپ دور الوقت سیف قاطع یعنی وقت اینینک قیلیچی دور کیم نی توقف
اوتکوچیدور دیب دور صادق اولدور که اگر مینک ییلدین زیاده پیلور خدا برله بولسه و اگر
وقت بر لحظه خدادین غافل بولسه بو بر لحظه غفلت نی اول مینک ییلدین زیاده پیلور یعنی
بر لحظه غفلت مینک ییل لیق غفلت دین هم زیاده دور و ینه بر معنیسی اولدورکه بر
لحظه لیک غفلت دا ضایع بولغان حضور و نکه حسرتی نینک ماتمی کا مینک ییل لیق طاعت
بیله اول بی ادب لیکه نینک تدارکینی قیلیب بولماس دیب دور و هیچ نرسه اولیاغه نفس نی
اوز وقتی دا حضور برله ساقلاماقدین مشکل راق بولماس دیب دور بنده بولماق لیکی
ایش برله ثابت بولور بری اولکیم راست لیق برله آشکارا و پنهان خداغه محتاج بولماق
ایکنجی هم ایش دا رسول خداغه اقتدا قیلماق دیب دور بنده بولماق تمام شغل نی ترک
قیلماق و اصل طاعت کا یوز کلتورماک دیب دور بنده بولماق بو ایکی ایش نی تاشلا
ماقدور بری اولکیم هر نرسه که نفس نینک لذتی دور انینکدا توختاماق ایکنجی اولکیم سعی
کوشیش غه اعتماد قیلماق یعنی سعی کوشش نی تاشلاماق وقتی که بو ایکی ایش
سندین یوق بولسه بنده لیک حقی نی ادا قیلغان بولور دیب دور شکر اولدور که اوزینی
اهل نعمت دین بیلماکای دیب دور شکر نینک نهایتی اولدورکه اوز نفس نی مریدلار دین
الیب نفس نینک نصیبه سینی خدا تعالی غه توختاتغای دیب دور زهد نینک نهایتی اولدورکه
الکیدا اوز تصرفیدا هیچ نرسه بولماغای و دنیانینک شغلیدین اوزینی خالی توتغای صدق
نینک حقیقتی اولدور که راست ایتغای من اول مشکل ایشدا یالغان ایتماغونچه

65. 祈禱手册　察合台文
清嘉慶二十五年（1820）抄本

册葉裝。開本高24.8釐米，廣15.7釐米，共8葉。新疆維吾爾自治區圖書館藏。入選第二批《國家珍貴古籍名録》，名録號06739。

該書記述了穆斯林每天必須念誦的祈禱詞，對於我們瞭解當時新疆穆斯林習俗、研究伊斯蘭教對新疆穆斯林日常生活的影響等方面，具有一定的參考價值。

（吾斯曼・庫爾班）

اسناد اون بر اسم شریف غوث الثقلین رضی الله تعالی عنه الکریم کا

قایتیغ مهم الش کلکه شبو اون بر اسم شریف که لوح المحفوظ دا

بتوکلوک دور اون بر توت ابر کونلی اون بر برابه ترک قلماقی

ادفونجو دیک بولیه اولکش نینک اون بر نینک حاجتی روا بو

هرکیم بو عملنی مداومت قیلسه شبو اسم شریف لارنینک برکاتیدین

جمیع اولیاء الله نینک زمره لاری غه واصل بولغای هر وقت اوقوسه

اول بر دورود اوتوب بار وح پاک حضرت پیغمبر صلی الله علیه وسلم

بغیشلاب انداقین بار وح پاک حضرت غوث الثقلین و جمیع خواجه کانغه

بغیشلاب اوادرین مدد استعانت طلب قیلغای اون بر اسم حضرت

غوث الثقلین ای انت

انت سیّد محی الدین امر الله

شیخ محی الدین فضل الله　اولیا محی الدین امان الله

بابا محی الدین نور الله　غوث محی الدین قطب الله　سلطان

محی الدین سیف الله　بادشاه محی　قدس الله　خواجه محی الدین

66. 曼特庫特塔伊爾（鳥語） 察合台文
清嘉慶二十五年（1820）抄本

册葉裝。開本高25釐米，廣15釐米。新疆維吾爾自治區圖書館藏。入選第四批《國家珍貴古籍名録》，名録號11256。

該書由三部分組成，第一部分通過鳥類之間的互相對白、談話，表現了神秘主義的看法；第二部分有二十個主題，主要闡述道德、信仰、科學、誠實守真、愛情、官職等，體現了作者的人生觀、道德觀；第三部分是民間故事。本書對研究當時察合台文學的内容和形式，以及十八世紀維吾爾族社會、政治、道德、哲學、宗教、意識形態等具有重大意義。

（吾斯曼·庫爾班）

حقایق مضامینی دین خالی ایرماس لیکی اظهر من الشمس دور کیم یوکا
عظمی حقیقتی دین مطلع بولماقی برله سرور خواقین سپهر اقتدار
و مهر سلاطین عالیمقدار بهتر سلاطین عدالت گستر و صفدر
خواقین امالت پرور صاحب ظل الله شوکت اقبال همای آشیان
طیران سعادت اجلال سلیمان سریر دخلافت و عنقای عزت
آشیان قاف جلالت گل صد برگ گلستان کرم و فرطاوت
بخش دار الفیض کاشغر صانها الله عن الآفات والضرر
شهنشه نشان کونه نشین حضرت امیر ظهور الدین ابن سلطان
میر طاهر زاد الله تعالی اقباله یوما فیوما در فع رتبه ساعة
فساعة همایون عهد بیکیم فلک ظلمی و دهر آشوبی دین رعایا
خیل رفاهیت سکینده مرفه الحال و عافیت مامنی دا
فارغ الاحوال دور کیم ظلم تعدی سنانی و جور ستم پیکانی
عدم قافی عنقاسی مثل کاییدین اوزکا یر داتا قیلماس
نظم مملکت علمی دین اندغ دور که بدرخشانه کبک درالقیدا

67. 蘇圖克·布格拉汗傳 察合台文
清道光十年（1830）抄本

册葉裝。開本高24釐米，廣15釐米。新疆維吾爾自治區少數民族古籍搜集整理出版規劃領導小組辦公室藏。入選第四批《國家珍貴古籍名録》，名録號11258。

該書記述了薩曼王朝王子艾布·奈斯爾來到喀拉汗王朝都城喀什，找到蘇圖克·布格拉汗並使他信仰伊斯蘭教的過程；記述了蘇圖克·布格拉汗的生平事蹟、他爲傳播伊斯蘭教開展的活動，他的兒孫的活動等内容。本書爲研究伊斯蘭教在新疆傳播，以及蘇圖克·布格拉汗生平事蹟和維吾爾語言文學提供了珍貴資料。

（艾爾肯·伊明尼牙孜·庫吐魯克）

68. 光芒正道　察合台文

〔清〕穆罕默德·艾尤夫·喀什噶里撰

清道光二十年（1840）抄本

册葉裝。開本高19釐米，廣12釐米。新疆維吾爾自治區少數民族古籍搜集整理出版規劃領導小組辦公室藏。入選第二批《國家珍貴古籍名録》，名録號06740。

該書爲伊斯蘭教詩歌彙編，語言精練，故事生動，情節跌宕起伏，是維吾爾族古典文學經典之一，對研究中東、中亞地區伊斯蘭教派歷史具有參考價值。全書使用桑皮紙抄寫，爲納斯塔里克字體，裝飾精美。

（艾爾肯·伊明尼牙孜·庫吐魯克）

69. 扎帕爾拿馬（凱旋書） 察合台文
清同治五年（1866）抄本

册葉裝。開本高21.5釐米，廣16.8釐米。新疆維吾爾自治區社會科學院圖書館藏。入選第四批《國家珍貴古籍名録》，名録號11259。

據阿布都克里木·熱合曼主編的《維吾爾文學史》載：《凱旋書》作者爲毛拉·夏克爾，阿克蘇人，生於公元1807年至公元1808年之間，卒於公元1870年至公元1871年之間。有些資料證實，此書先用波斯文創作，完成於公元1866年。該書以長篇史詩形式記述了和卓互相鬥争、軍行各地之事，具有一定史料價值。

（古麗努爾·帕爾哈提）

بسم الله الرحمن الرحيم

بنامی خداوند حی قدیم　　سمیع البصیر العلی العظ
خدا ایکه موجود ایرور بی مثال　　انینک ذاتی ایچره خرد عقل لال
ایراده قیلیب ابتدا کاف نون　　سما و زمین توزغوزوب
یراتماق غرض ایکی عالم تمام　　طفیلی محمد علیه السلام
رسول جانشینی ایرور چهار یار　　اوز عصریده هر بیری تاجدار
ابابکری صدیق اویرور یار غار　　عمر قیلدی اسلام آیینی آشکار
حیا کانی عثمان جامع کلام　　علی شیر درگاهی خیر الاما
رسولغه ایدی بو ایکی نور عین　　ایکی شاهی زاده حسن حسـ
اولاردین کیین بو ایکی امام　　اویسی ولی غوث قطبی
اولار نسلیدین خواجه صفغار　　شهید قیلدی بولارنی اول نار
اولاردین توغولمیش بنه بر فر　　اویسی ولی ایردی نوری بـ
مبارک اتی خواجه سید جمال　　اویرور قطب الاقطاب صاحب کما

بشارت

70. 伊布拉音麥希胡爾詩集（麥希胡爾詩集） 察合台文
清同治八年（1869）抄本

册葉裝。開本高26.5釐米，廣17釐米。新疆維吾爾自治區少數民族古籍搜集整理出版規劃領導小組辦公室藏。入選第四批《國家珍貴古籍名録》，名録號11260。

據專家考證，該書作者爲莎車維吾爾詩人伊布拉音，筆名麥希胡爾（意思是久負盛名）。本書是一部抒情和勸諭詩作品，十九世紀中葉成書。詩集主題是歌頌、追求純真的愛情，勸導人民爲人誠實，努力學習，勤奮向上。書中抨擊了殘暴的封建巴依，反映了人民群衆反封建、争取自由的强烈願望和要求，對研究維吾爾詩歌的藝術成就和浪漫主義特點有較高價值。全書使用桑皮紙抄寫，字體優美。

（艾爾肯·伊明尼牙孜·庫吐魯克）

71. 埃米爾·穆賽依甫·喀孜傳

察合台文

清光緒六年（1880）抄本

册葉裝。開本高27釐米，廣19釐米。新疆維吾爾自治區少數民族古籍搜集整理出版規劃領導小組辦公室藏。入選第四批《國家珍貴古籍名録》，名録號11261。

該書主要記録了埃米爾·穆賽依甫·喀孜的生平。本書爲研究伊斯蘭教傳播史、阿拉伯半島歷史和地理提供了珍貴資料。同時，對研究阿拉伯文學對維吾爾文學的影響具有一定參考價值。全書使用桑皮紙抄寫。

（艾爾肯·伊明尼牙孜·庫吐魯克）

72. 伊斯坎得爾傳四卷 察合台文
〔清〕賽依德·買赫德·哈米達尼撰
清光緒十年（1884）抄本

册葉裝。開本高32釐米，廣21釐米。新疆維吾爾自治區少數民族古籍搜集整理出版規劃領導小組辦公室藏。入選第二批《國家珍貴古籍名録》，名録號06742。

該書又名《亞歷山大大帝書》，記述了馬其頓皇帝亞歷山大大帝遠征歐洲、亞洲、非洲，建立馬其頓帝國，最後死於征程的事蹟。還介紹了被征服國和地區的地理、文化、風俗習慣，各民族、氏族、部落的起源、名稱等。對研究世界古代史和亞歷山大帝國的形成、發展等方面具有參考價值。全書使用桑皮紙抄寫，裝飾精美。

（艾爾肯·伊明尼牙孜·庫吐魯克）

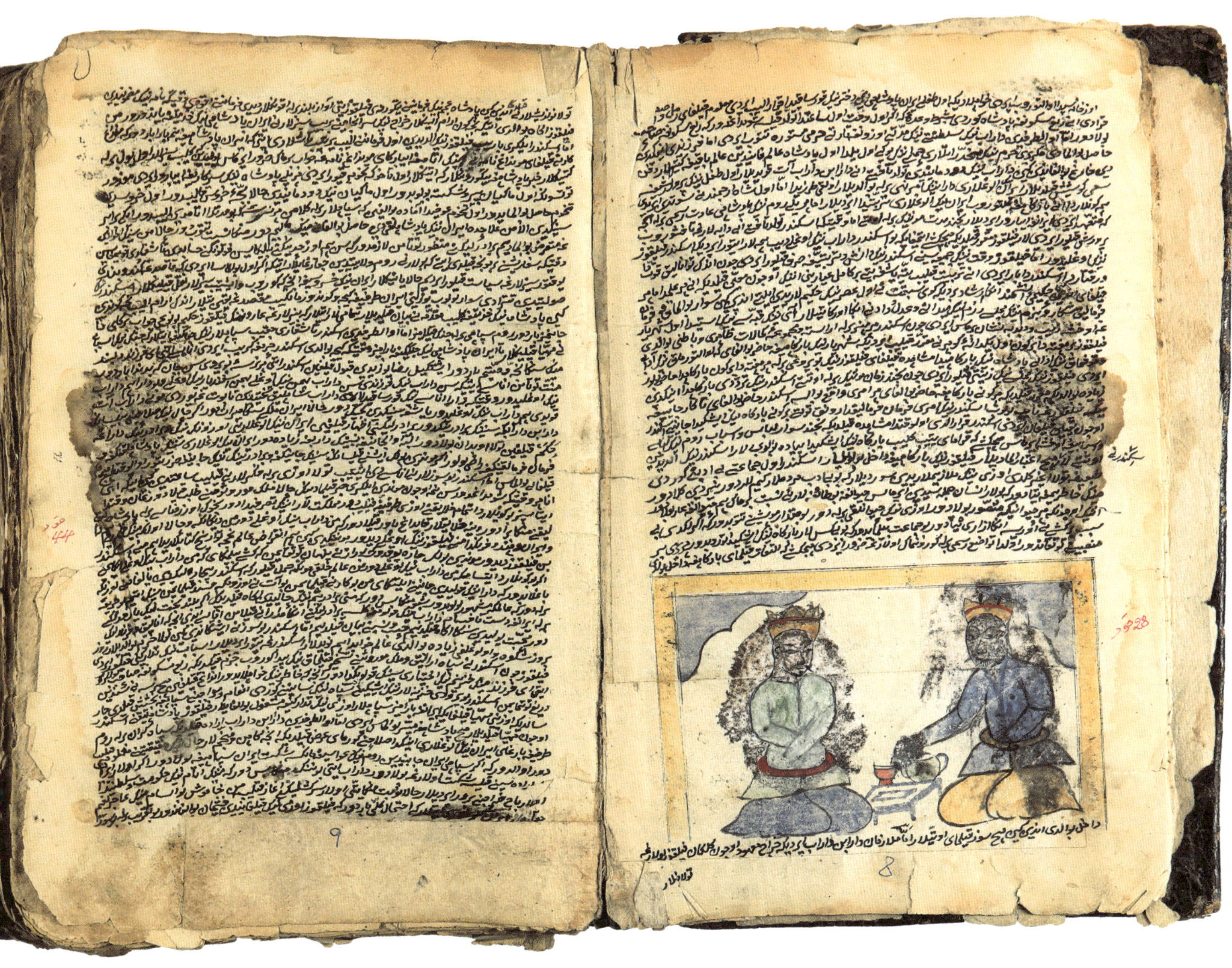

73. **賢人傳** 察合台文
法爾丁·艾塔熱撰
清光緒十三年（1887）抄本

册葉裝。開本高30釐米，廣20釐米。新疆維吾爾自治區少數民族古籍搜集整理出版規劃領導小組辦公室藏。入選第二批《國家珍貴古籍名録》，名録號06741。

該書是一部歷史小説。講述了十三世紀初期被伊斯蘭教徒尊爲聖賢的92位人物的傳記，包括其誕生、成長、求知、傳奇和無與倫比的威力等。全書使用桑皮紙抄寫，爲納斯塔里克字體。

（艾爾肯·伊明尼牙孜·庫吐魯克）

بیر سام غه ایلغیل بت غه پرست قیلماسون بت دین یانیب الله تعالی غه ایمان کلتورسون سینینگ پیغامبرلیقینگ غه
اقرار قیلسون یونس علیه السلام پیغامبرلیق نیچوک بولور دیب غمگین بولدی و پیغامبرلار دا هیچ پیغامبر یونس علیه السلام
دیک تار کونگول لوک ایماس ایردی مناجات قیلیب ایدی الها بولارنی ایمان غه نیچوک ایندایین اگر قبول قیلماسه
نیچوک قیلیب نه تدبیر قیلایین جبرئیل علیه السلام فرمان تیگوردی کیم موصل غه بارغیل قابیسی یردا خلایق کوپراک بولسا اندا
تورغیل ایغیل بیرنی بیر بیب اوچنی آلسون لار اول اوچ قابیسی دیب سورسه لار ایغیل بیر الله تنگری دیر اقرار
قیلسانگیز کیم لا اله الا الله یونس رسول الله ایکنی اول تورور سیزلارگا هرگز قحط و طاعون بولماغای
ادجونگی هیچ ظالم سیزلارگا ضرر تیگورماگای ایدی الها اولارنی نه محل غه چه ایمان غه دعوت قیلایین فرمان بولدی
برسیل غه چه اوقوغیل ایدی بار خدایا بیلکوب تورور فرمان بولدی یوز کون ایمان غه دعوت قیل ایدی خدایا
اول هم کوب تورور فرمان بولدی کیم قیرق کون اوقوغیل نه ایدی الها قبول قیلماسه لار نه قیلایین فرمان بولدی بیز نینگ
خزینه میزدا رحمت و عذاب کم ایماس ایدی قچان یبارور سین فرمان بولدی کیم اول شنبه کیم تیلار من یونس
علیه السلام اوییگا کلدی و خاتونی نینگ اتی صافان بنت صافون ایردی دایکی اوغلی بار ایردی بیری یتی یاشار دینه
بیری بش یاشار ایردی ای صافان خدای تعالی منی بارچه دین یمان راق خلایق غه یباردی سوزی تمامی
خلایق غه یباردی ایدی موصل خلقی غه صافان ایدی من سینگا مطیع من سن هم خدای تعالی غه مطیع بولغیل کونی
علیه السلام اولوغ اوغلین کوتاریب صافان کیچیک اوغلین کوتاریب کوندوز یوروب کیچه اویقولادیلار خدای
عز و جل بر فرشته نی یباردی اول فرشته یونس علیه السلام نی اهل اولادی برله کوتاریب بر ساعت دا اوچ
یغاچ لیق یول ایلتی و موصل شهری نینگ یقاسیدا قویدی اندا اولتوروب یونس علیه السلام اوت دین الاچوق قیلدی
و اوغلانلاری اندا اولتوردی خاتونی غه ایدی من بو خلایق غه باریب خدای تعالی نینگ یارلیغین تیگورایین اگر بایات
کلام اختتام غه کیلمادین یوق ایرسه کیچ قالپام او زیر اغیناک قیل غیل اول ییردین موصل غه بر یغاچ لیق یول
ایردی باریب بازار غه کیریب بر ییردا کوب خلایق نی کوروب قتیغ اون برله ایدی کیم بیرنی بیرسه اوچنی الور
ایدی لار ای دیوانه بو قایسی تورور ایدی کیم ایتینگ لا اله الا الله یونس رسول الله تیق ایدی لار

ای دیوانه

74. 曼開白提艾孜熱提謝赫阿不都卡迪爾吉拉尼傳（賢人吉拉尼傳）

察合台文

清光緒十九年（1893）抄本

册葉裝。開本高24.5釐米，廣16.5釐米。新疆維吾爾自治區圖書館藏。入選第四批《國家珍貴古籍名録》，名録號11262。

該書分兩部分，第一部分叙述先知穆罕默德的高尚品德及其與門徒弟子的談話和勸諭；第二部分叙述伊斯蘭教神秘主義代表人物阿不都卡迪爾吉拉尼的生平事蹟。對研究當時人們的宗教觀念、意識形態、社會狀況等具有較高參考價值。

（吾斯曼・庫爾班）

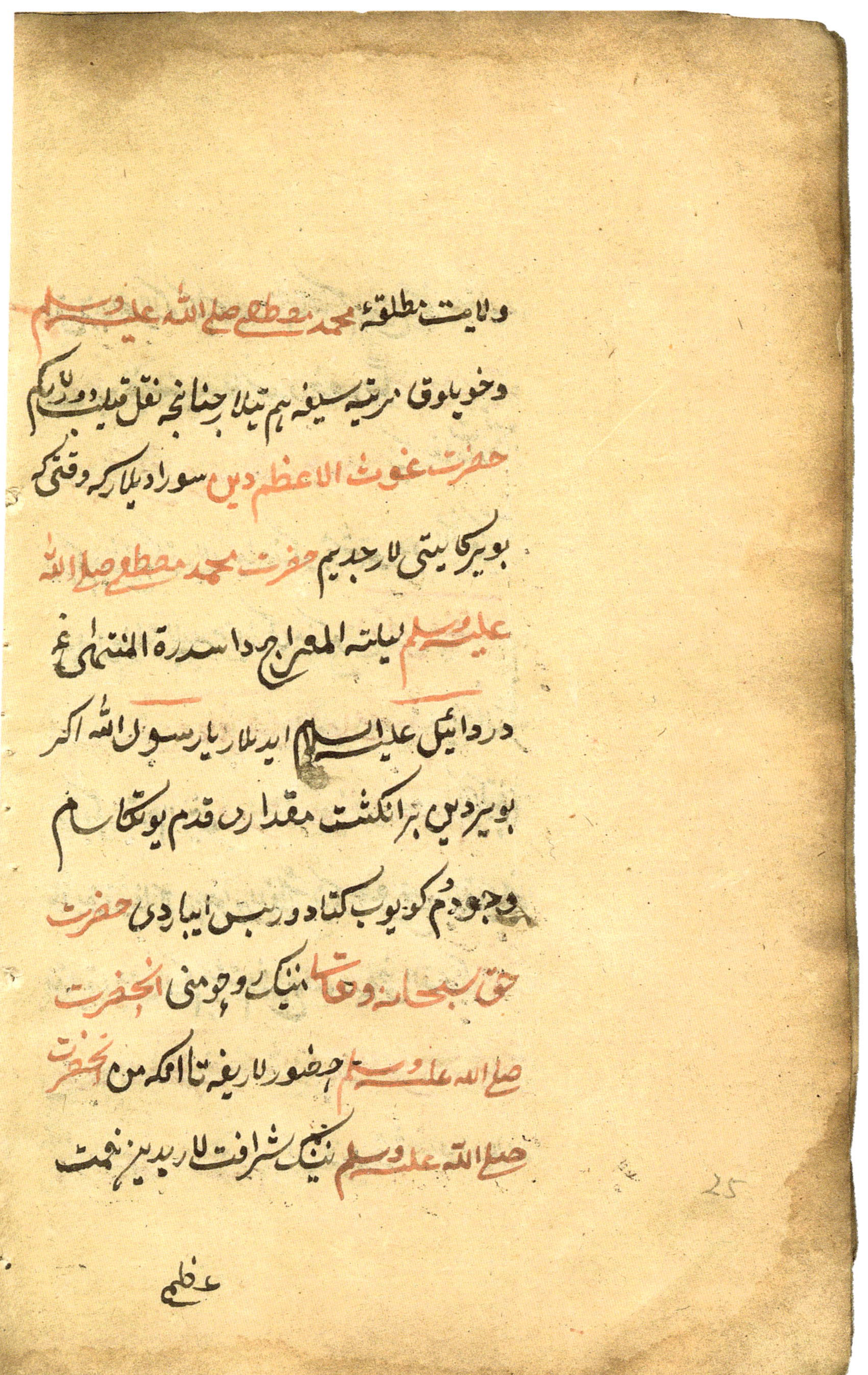

ولایت مطلقه محمد مصطفی صلی الله علیه وسلم
دا خوبلوق مرتبه سیغه هم تیلابر چنانچه نقل قیلیب دورلارکیم
حضرت غوث الاعظم دین سورادیلار کیم وقتی کیم
بویرکالیبتی لار جدیم حضرت محمد مصطفی صلی الله
علیه وسلم لیلة المعراج دا سدرة المنتهی غه
درواییل علیه السلام ایدیلار یا رسول الله اگر
بویردین بر انگشت مقداری قدم یوتکا سام
وجودوم کویوب کتادور دیب ایباردی حضرت
حق سبحانه و تعالی نینک روح منی انحضرت
صلی الله علیه وسلم حضورلاریغه تا آنکه من انحضرت
صلی الله علیه وسلم نینک شرافت لاریدین نعمت

25

عظمی

75. 太孜克然伊瑪木熱巴尼（伊瑪木熱巴尼傳） 察合台文

清光緒二十八年（1902）抄本

册葉裝。開本高37釐米，廣24釐米。新疆維吾爾自治區圖書館藏。入選第四批《國家珍貴古籍名録》，名録號11263。

伊瑪木熱巴尼是著名伊斯蘭學者，青年時代從師學習契斯提、蘇哈瓦拉迪和卡迪里教團的學理，後到德里深造，最終選擇了納格什班迪耶教團。他回到家鄉後著書立説，廣收門徒，創立了希爾信迪學派。伊瑪木熱巴尼被後人尊爲伊斯蘭“第二個千年的革新者”，其學派被稱爲“復興的納格什班迪耶”，在穆斯林中有較大影響。本書記述了伊瑪木熱巴尼的生平，及其對蘇菲哲學和教義的新解釋，借此彌合蘇菲神秘主義與伊斯蘭教法之間的鴻溝，並將蘇菲派納入遜尼派。該書對研究伊斯蘭教歷史、蘇菲主義教派在中亞和印度大陸的傳播與發展具有參考價值。

（吾斯曼・庫爾班）

تذکیره

منقبت حضرت امام ربانی شیخ مجدد منور الف ثانی قدس الله سره العزیز

بسم الله الرحمن الرحیم

الحمد لله الذی نعم المعین خالق الکونین رب العالمین

الذی عز وجل شانه لا امکان داشتکا برهانه

خالق الانسان من لوح القلم لولوء الاسرار المکنون القدم

76. 艾合拉胡穆赫斯尼（賢人之德）

察合台文

〔清〕吾蘇雲卡世皮述

十九世紀抄本

册葉裝。開本高26.5釐米，廣17釐米。喀什地區英吉沙縣文化館藏。入選第三批《國家珍貴古籍名録》，名録號09712。

該書成書於十七世紀後半葉。據專家考證，此抄本是公元1864年由英吉沙人阿卜杜古普爾抄寫。本書以勸諭性内容爲主，論述傳統道德，倡議廉潔奉公、悉心信教、耐心知足、尊重他人、辦事公正、待人和氣、多做善事等。對研究當時維吾爾人的倫理道德觀、風俗習慣、宗教觀以及維吾爾語的發展過程等方面均有參考價值。

（吾斯曼·庫爾班）

77. 祖布達圖里麥薩依里（精選問答）

察合台文

清抄本

册葉裝。開本高23釐米，廣18釐米。新疆維吾爾自治區少數民族古籍搜集整理出版規劃領導小組辦公室藏。入選第四批《國家珍貴古籍名録》，名録號11264。

據專家考證，該書由喀什噶爾維吾爾人穆罕默德·薩迪克·喀什噶里於公元1840年撰寫，闡釋了伊斯蘭教教規、道德和禮儀。書中引用《依達耶謝里福》《謝爾維喀依》《哈兹乃》《法提瓦依阿萊姆格里》《庫剳特》《麥爾吾布勒蘇魯克》等著作中箴言，要求穆斯林行善積德、遠離罪過，做有知識、有道德的人。作者以實例説明伊斯蘭教對德行的宣揚，提出了穆斯林應遵循的義務，明確其被真主認可的條件。本書爲研究十九世紀初維吾爾族社會狀況、文化宗教、封建制度提供了珍貴資料。全書使用桑皮紙抄寫。

（艾爾肯·伊明尼牙孜·庫吐魯克）

78. 卡爾巴拉烏茹希（卡爾巴拉戰争）

察合台文

清抄本

册葉裝。開本高31釐米，廣27釐米。新疆維吾爾自治區少數民族古籍搜集整理出版規劃領導小組辦公室藏。入選第四批《國家珍貴古籍名録》，名録號11266。

該書撰寫於十九世紀，是一部關於伊斯蘭教中的人類祖先阿丹、先知穆罕默德和其弟子事蹟的作品。本書爲研究穆罕默德及其後代生平，以及察合台語言文學提供了寶貴資料。全書使用桑皮紙抄寫，爲納斯塔里克字體。

（艾爾肯·伊明尼牙孜·庫吐魯克）

0182
0181

79. 伊瑪目艾則目（伊瑪目生平事蹟傳）

察合台文

清抄本

册葉裝。開本高30釐米，廣21釐米。新疆維吾爾自治區少數民族古籍搜集整理出版規劃領導小組辦公室藏。入選第四批《國家珍貴古籍名録》，名録號11267。

該書記述了伊瑪目艾則目及其家族成員的事蹟，以及在先知穆罕默德升霄時他的靈魂與穆聖之間的交談。全書使用桑皮紙抄寫，爲納斯塔里克字體。

（艾爾肯·伊明尼牙孜·庫吐魯克）

0151

0150

80. 伊瑪目列傳 察合台文 清抄本

册葉裝。開本高21.3釐米，廣14釐米。新疆維吾爾自治區圖書館藏。入選第二批《國家珍貴古籍名録》，名録號06743。

該書是一部歷史傳記，記述了黑汗王朝的國王玉素甫·卡德爾汗在四位伊瑪目的幫助下，率領自己的軍隊佔領了葉爾羌和于闐等地區，以及當地人民逐漸信仰伊斯蘭教的過程和相關事件。

（吾斯曼·庫爾班）

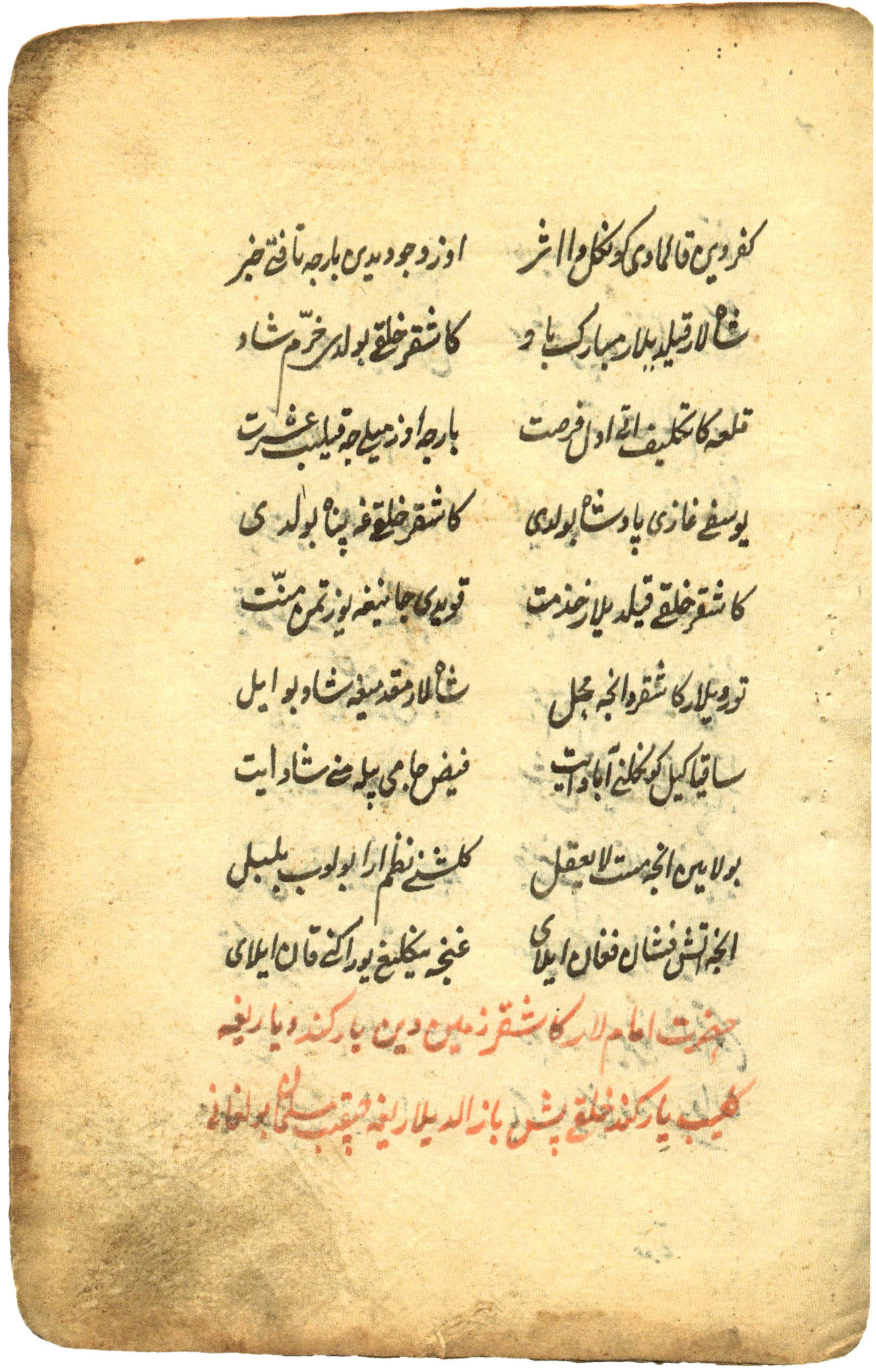

کفر دین قالمادی کونکل وا اثر　　اوز وجود دین بارچه تاپتی خبر

شاه‌لار قیلدیلار مبارک باد　　کاشغر خلقی بولدی خرم شاد

قلعه کا تکلیف ایتی اول فرصت　　بارچه اوز میلیچه قیلیب عشرت

یوسفی غازی پادشاه بولدی　　کاشغر خلقیغه پناه بولدی

کاشغر خلقی قیلدیلار خدمت　　قویدی جانیغه یوز تومن منت

توردیلار کاشغر دا انچه محل　　شاه‌لار مقدمیغه شاد بو ایل

ساقیا کیل کونکلنی آباد ایت　　فیض جامی بیله منی شاد ایت

بولایین انچه مست لایعقل　　گلشن نظم آرا بولوب بلبل

انچه آتش فشان فغان ایلای　　غنچه دیک‌لیغ یوراکنی قان ایلای

حضرت امام‌لار کاشغر زمین دین یارکند دیاریغه
کلیب یارکند خلقی بیش باز الدیلار لیغه خیقیب مسلمان بولغانی

81. 賽布里詩集 察合台文

毛拉·埃米爾·侯賽因·謝赫·賽布里撰

清抄本

册葉裝。開本高25釐米，廣14釐米。新疆維吾爾自治區少數民族古籍搜集整理出版規劃領導小組辦公室藏。入選第三批《國家珍貴古籍名録》，名録號09715。

據阿布都克里木·熱合曼主編的《維吾爾文學史》載：賽布里，喀什人，生卒年不詳，是十九世紀著名抒情詩人，也是公元1830年至公元1840年間喀什噶爾文學繁榮時代的代表人物之一。該書是一部抒情詩集，收入賽布里的格則勒、瑪斯納維雙行詩、塔爾吉班德格律詩等，反映了作者的經歷、對社會問題的看法，以及對愛情的思考。所記載的人名極多，對宗譜的記叙十分詳細，對研究新疆歷史和相關統治者家族的宗譜有一定意義。在文學史上，這部作品開創了特殊的表現形式和寫作風格。全書使用桑皮紙抄寫。

（艾爾肯·伊明尼牙孜·庫吐魯克）

82. 先知傳　察合台文
〔元〕拉勃胡孜撰
抄本

册葉裝。開本高35釐米，廣23釐米。每葉22行左右。新疆維吾爾自治區少數民族古籍搜集整理出版規劃領導小組辦公室藏。入選第一批《國家珍貴古籍名録》，名録號02340。

據阿布都克里木·熱合曼主編的《維吾爾文學史》載：該書作者拉勃胡孜，約生於公元1279年，卒於公元1351年。《先知傳》共72章，前64章記述故事源於《摩西五經》，及阿拉伯民間故事，有濃厚的伊斯蘭教色彩。後8章叙述穆罕默德和四個門徒的生平事蹟。此書對研究維吾爾族的歷史、宗教、文學具有重要參考價值。全書使用桑皮紙抄寫。

（艾爾肯·伊明尼牙孜·庫吐魯克）

83. **謝赫麥石來布傳** 察合台文

〔清〕麥石來夫撰

抄本

冊葉裝。開本高20釐米，廣12釐米。每葉11行左右。新疆維吾爾自治區少數民族古籍搜集整理出版規劃領導小組辦公室藏。入選第一批《國家珍貴古籍名録》，名録號02341。

約成書於十八世紀初，系統講述了巴熱依木·謝赫麥石來布（1640—1711）的生平事蹟。他走遍天山南北，關心民生疾苦，歌頌自由、愛情、誠實、守信和忠誠，揭露愚昧和殘酷的統治。該書對研究當時的維吾爾文學、語言、宗教信仰及社會現象有極高的參考價值。全書使用桑皮紙抄寫。

（艾爾肯·伊明尼牙孜·庫吐魯克）

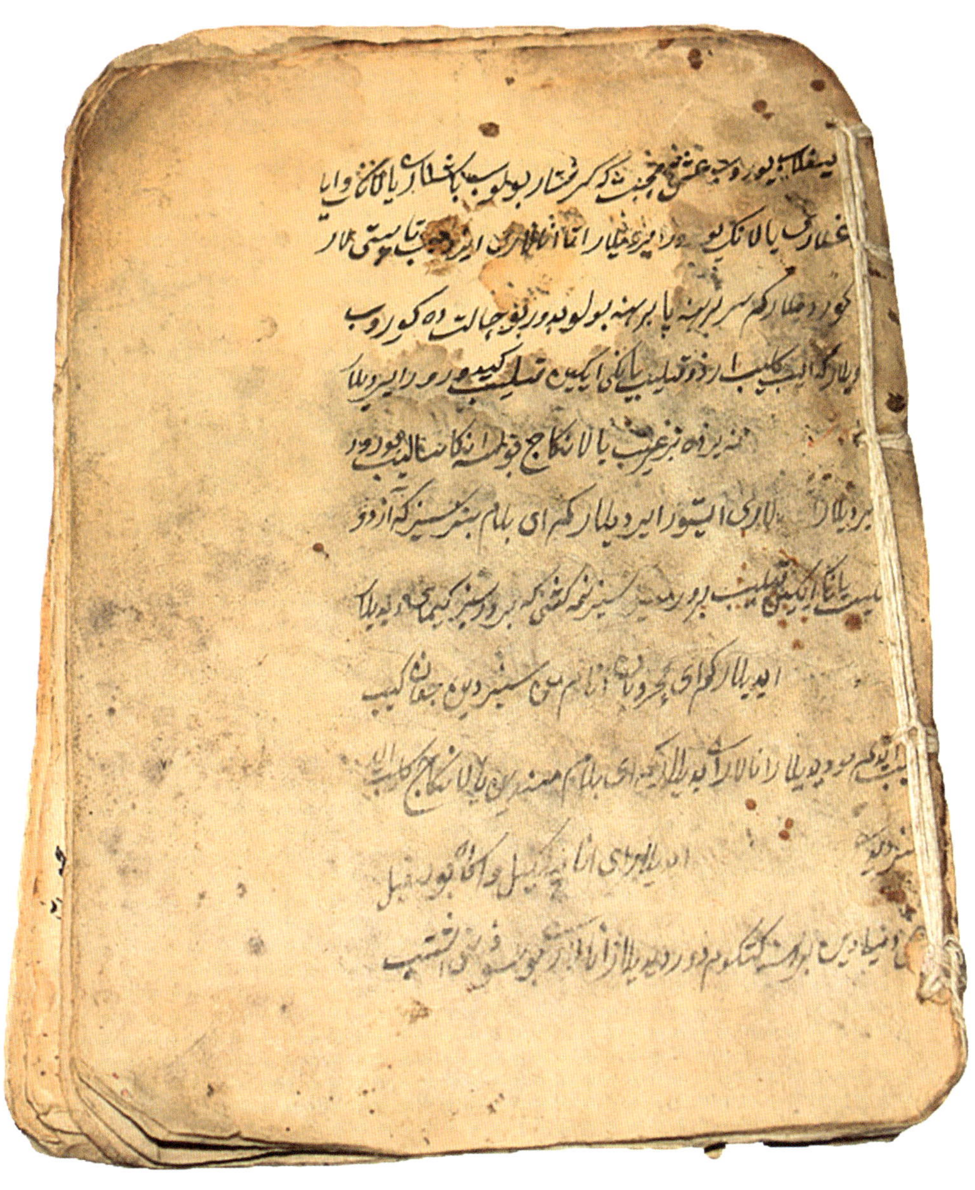

84. 麥魯麻提阿派克（世界通訊）

察合台文

烏布勒·伊斯拉木撰

清抄本

册葉裝。開本高26釐米，廣18釐米。新疆維吾爾自治區少數民族古籍搜集整理出版規劃領導小組辦公室藏。入選第一批《國家珍貴古籍名録》，名録號02342。

該書主要記録了中國、印度等國城市概況、地理、交通情况，以及十四、十五世紀稱雄中亞的帖木爾王朝與明朝的外交、商貿往來關係，及其使者在中國觀光等内容。據專家考證，原書是居住在阿富汗的維吾爾人賽義迪·艾布勒·艾米尼迪因罕·玉賽因之子赫熱維用波斯文撰寫，後烏布勒·伊斯拉木奉吐魯番郡主馬赫穆德親王之子艾明親王旨意從波斯文譯成察合台文，翻譯撰寫過程中參考了《真主的屬地》《歷史選編》等書，對研究中亞、東亞、南亞及中國新疆歷史、地理、人口、民族、語言等有重要意義。全書使用桑皮紙抄寫，爲納斯塔里克字體，書中部分詞句朱書。前後三葉殘損，基本保存完好。

（艾爾肯·伊明尼牙孜·庫吐魯克）

37 ۳۷

وضرر تیکور کوچی ایماس ایردی ودینه خلایق نینک عیبی غم کوزی نینک
اوجی بیله قراغوچی ایماس ایردی سخن چینلیق قیلغوچی وفخر سند
قیلغوچی وتکبرلوق قیلغوچی ایماس ایردی صلی الله علیه وآله واصحابه وسلم
آنحضرت صلی الله علیه وآله وسلم نینک خوشبوی لوق لاری نینک بیانیغه
شروع قیلندی حضرت انس ابن مالک رضی الله عنه آنحضرت صلی الله علیه وآله وسلم
نینک اولوغ آستانه لاری نینک خادمی ایردی ایتورلار کیم هیچ
ایپار وعنبرنی بویلامادیم خوشبوی راق آنحضرت نینک بوی لاری
دین وهیچ ابریشیم نی کورمادیم آنحضرت نینک مبارک کف لاریدین
یومشاق راق هر جایدین اوتسه اول جایدین خوشبوی لوق

نینک

38 ۳۸

نینک اثری اول جایدا باقی قالور ایردی خلایق آنحضرت نینک اول جای
دین اوتکانینی بیلور ایردی وقتیکه کیم کیشی آنحضرت بیله مصافحه قیلاشیب
کوروشسه اول کون آخشامغچه اول کشی نینک قولیدین خوشبوی لوق کلور ایردی
قضای حاجت قیلسه زمین یریلیب بول غایط لارینی یوتوب ایلیتور ایدی
ایپار نینک بویی اول جایدین کلور ایردی هر کیشی اول جایغه یتیشه انینک دیماغی
آنینک معطر بولور ایردی حضرت ابو هریره رضی الله عنه دین روایت قیلادورلارکه
رسول صلی الله علیه وآله وسلم نینک حضورلاریغه بیر آدم کلدی ایدی یا رسول الله قیزیم ارکه
بروردیم بو شیدا امکانم مدد قیلورلار میکین رسول خدا صلی الله علیه وآله وسلم ایدیلار
الحال منده هیچ نرسه یوق دور اما تار کلاه آغزی جونک شیشه کلتورکیل بیر پاره

85. 麥吉買吐里–艾合卡姆（斷法叢書）

察合台文
清嘉慶二十五年（1820）抄本

册葉裝。開本高21.5釐米，廣15釐米。新疆維吾爾自治區少數民族古籍搜集整理出版規劃領導小組辦公室藏。入選第四批《國家珍貴古籍名録》，名録號11255。

據專家考證，該書由和田墨玉縣維吾爾族天文學者穆罕默德·伊瓦孜·伊本、麥吾拉納·賽迪爾丁·喀拉卡什於公元1820年撰寫。記述了伊斯蘭曆的産生歷史，太陽周圍星座的名稱，太陽、月亮、星期及每星期日子的吉凶，晝夜長短、月初時間的計算規則，以及洗衣、理髮、剪指甲等禮節，齋月蓋德爾夜（第27日晚）的特性，月蝕、地震等等。書中還記述了有關與人爲善、學習知識、尊重學者和父母、樂觀開朗、靠誠實勞動謀生等方面的勸諭。本書爲研究維吾爾天文、歷史、地理提供了珍貴資料。

（艾爾肯·伊明尼牙孜·庫吐魯克）

86. 薩勒納麻（天文之書） 察合台文 清嘉慶二十五年（1820）抄本

册葉裝。開本高21釐米，廣17釐米。新疆維吾爾自治區圖書館藏。入選第四批《國家珍貴古籍名録》，名録號11268。

該書講述了十二個屬相的特點，反映了當時人民的質樸思想，對研究維吾爾族的天文曆法、倫理、思想形態有一定參考價值。

（吾斯曼·庫爾班）

87. 治療指南　察合台文

〔明〕毛拉·阿日普·忽炭尼撰

十七世紀後期抄本

册葉裝。開本高33釐米，廣22釐米。新疆維吾爾自治區維吾爾醫藥研究所藏。入選第二批《國家珍貴古籍名録》，名録號06736。

該書成書於公元1596年，是和田著名維吾爾醫藥學家毛拉·阿日普·忽炭尼（1564—1655）撰寫的一部維吾爾醫藥學著作。主要介紹了維吾爾醫學基本理論、對疾病的認識、病因闡述、疾病症狀、疾病診斷、脉象、保健方法、疾病預防與治療、養生及營養學論述、各科疾病驗方等。

（伊河山·伊明）

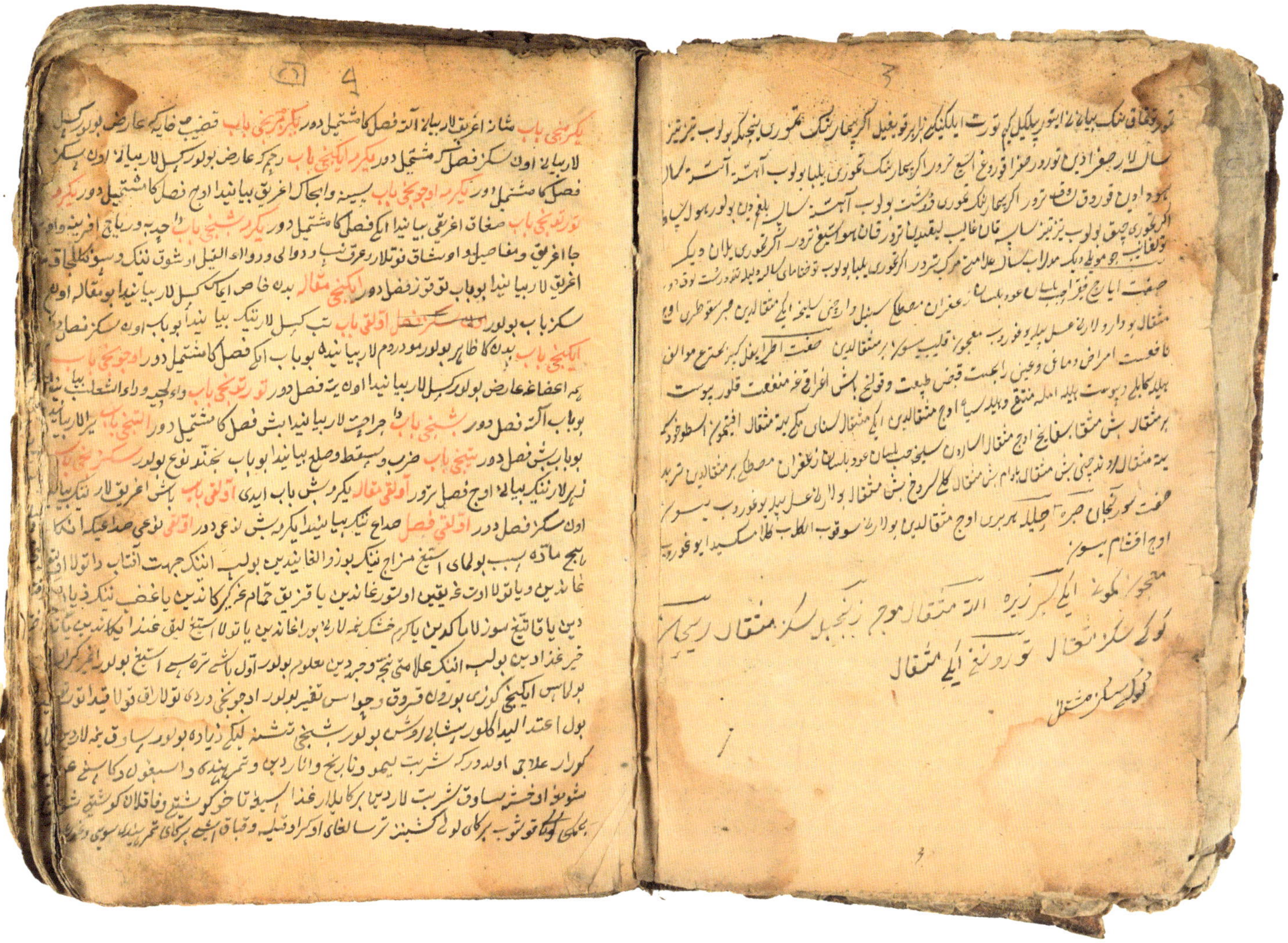

88. 木接熱巴提 阿日普（阿日普的藥方）

察合台文

〔明〕毛拉·阿日普·忽炭尼撰

十九世紀初抄本

册葉裝。開本高18釐米，廣12釐米。新疆維吾爾醫學高等專科學校藏。入選第三批《國家珍貴古籍名録》，名録號09711。

該書撰寫於公元1620年，十九世紀初由新疆墨玉縣卡拉塞鄉一名維吾爾醫師抄寫，爲維吾爾醫藥學專著。書中詳細記載了維吾爾醫學基礎理論知識及多種疾病的病因症狀、診斷依據和治療方法等内容，重視引用前代維吾爾醫學經典著作内容，對研究維吾爾醫學思想以及維吾爾醫藥發展史具有重要參考價值。

（阿布都卡地爾·阿布都瓦依提）

89. 孜牙烏里希法（治療之光） 察合台文 清道光六年（1826）抄本

册葉裝。開本高21釐米，廣12釐米。新疆維吾爾自治區少數民族古籍搜集整理出版規劃領導小組辦公室藏。入選第四批《國家珍貴古籍名録》，名録號11257。

該書主要記述維吾爾醫藥學中常用的藥物、藥方，各種藥物和植物在治療疾病中的作用、治病方法、各種果汁的神奇作用等内容，對研究維吾爾醫藥學具有較高學術價值。

（艾爾肯·伊明尼牙孜·庫吐魯克）

90. 提比・吾克曼（醫療手册） 察合台文清抄本

册葉裝。開本高16.8釐米，廣10.8釐米。新疆維吾爾自治區圖書館藏。入選第四批《國家珍貴古籍名録》，名録號11270。

該書是維吾爾醫學專著，内容涵蓋維吾爾傳統醫學的基礎理論、疾病預防、治療用藥等。書中不僅記録了常見疾病的病因、病名、症狀、診斷、治療、藥方、劑型、用量等，還介紹了接骨包扎等特殊治療方法，對研究維吾爾傳統醫學有重要參考價值。

（吾斯曼・庫爾班）

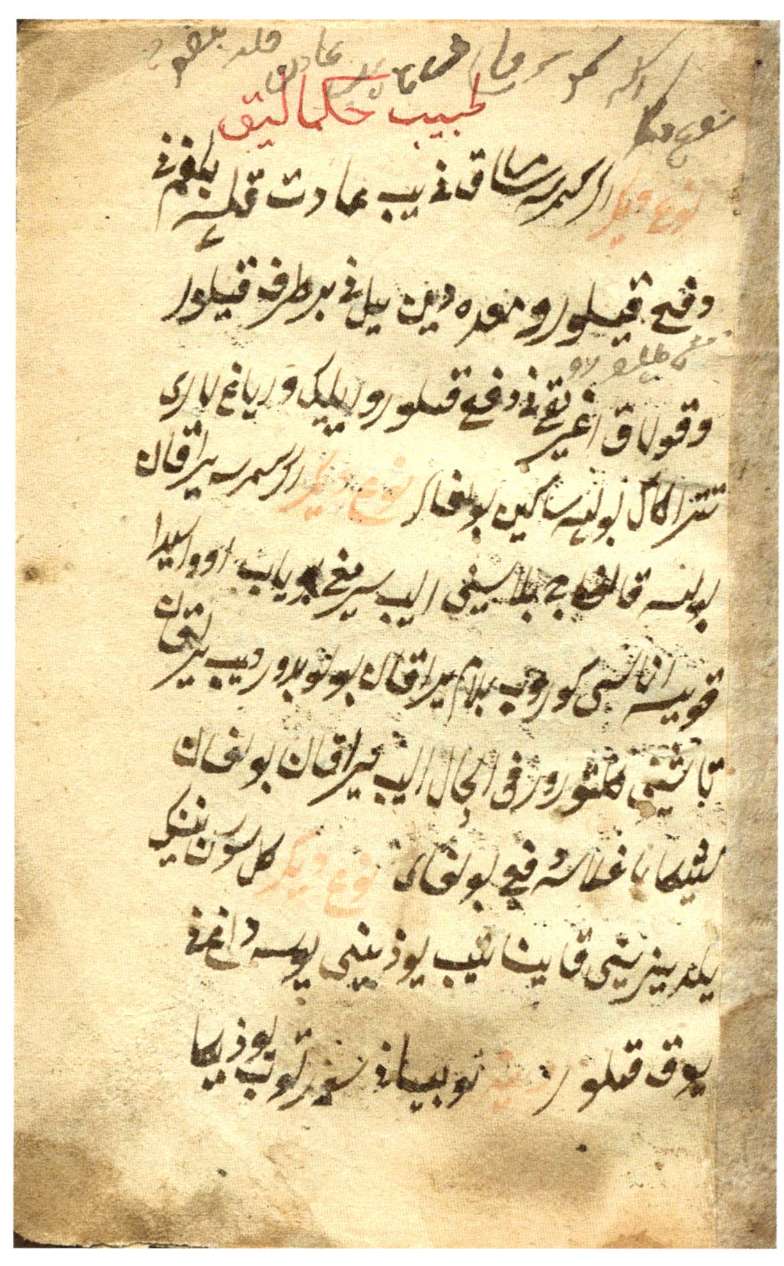

91. 提比·庫爾塞體曼（醫療指南）

察合台文

清抄本

册葉裝。開本高25釐米，廣19.5釐米。新疆維吾爾醫學高等專科學校藏。入選第四批《國家珍貴古籍名録》，名録號11271。

該書簡明扼要地介紹了維吾爾醫學基礎理論、常見病的病因病證及其診療方法，對一些單藥、成藥的使用進行了説明，同時介紹了薰法、熱療法、羊皮鋪蓋療法、埋沙療法等特色療法，爲維吾爾醫家診療一些常見病和疑難病提供了參考，反映了當時維吾爾醫學發展的客觀情況。

（阿布都卡地爾·阿布都瓦依提）

92. 扎合熱·哈熱孜姆·夏（國王醫學之寶） 察合台文 清抄本

册葉裝。開本高27.5釐米，廣18.5釐米。新疆維吾爾醫學高等專科學校藏。入選第四批《國家珍貴古籍名録》，名録號11272。

該書是一部維吾爾醫學百科全書，公元1101年成書，共10册。全面介紹了維吾爾醫學基礎理論、健康衛生知識、疾病診斷治療，以及毒藥與解毒劑、生藥與成藥等相關知識。引用和參考了阿維森納的《醫典》，具有重要的應用價值和文化價值。

（阿布都卡地爾·阿布都瓦依提）

93. 提比·依拉吉（醫療手册）

察合台文

清抄本

册葉裝。開本高19釐米，廣11.5釐米。新疆維吾爾醫學高等專科學校藏。入選第四批《國家珍貴古籍名録》，名録號11273。

該書介紹了維吾爾醫學治療方法，記録了維吾爾醫學的四大物質學説、米雜吉學説、合立體學説和疾病的台西合斯（診斷）技術等基礎理論知識，以及人體各部位發生常見疾病的病因、症狀、治療方法、常用生藥與複方藥，具有較高的歷史價值和應用價值。

（阿布都卡地爾·阿布都瓦依提）

پارسیدا اخرز هره هند وکتیره دیرلار قروغ ایسیغ دور او
وایتور درجه اول قاتیغ ورم لارنی یوشاتور وتار قا
وحکه وجرب ودرد پشت وتیزغه ضماد قیلماق نافع خا
اکر یفراغی اینکه یختنی دور ورم لار برم کا قویب تار قار
سویی جرب وحکه کا طلا قیلسه نافع اکر شراب شربتی بیله
قایناتیه وجا قاد ورغان جانور لار زهر اینکه جانور لار
نافع واکر یفراغینی قرو توب سوقوب ورم لار ط
قیلسه نافع واکر فقاع بیرا قینی اینکه ادم وخواه ا
اینکه یا انجیر وغیره بیله ضرر دور او فکاکا و اینکه
یکان بولسه یا غلیغ شیره لعاب که اسبغول وروغن
وکتیرا وانجیر وشهد وقند تا تلیغ رب لار دین وجا
واو ز دم سویی بیله برسم ورم ایشلاتور (دوقوم) قروغ ا
درجه اول وایتور ایکنجیدا امغص نی ساکن قیلور
دحیض نی یورو تور کوذک تورساق تو لغاغینی
غلیظ خلط ماده سینه سینه دین پاک قیلور یونکلار اینکه
بولسه نافع یلان جیان جاقانی نافع طلا قیلسه معده

ضرر دور تا الغو مصلح ارفه بادیان وقند بدل ایکی وزن
بوزبوغیا ایکی وزن عاقر قرحا وایتور قرنفل یا ایکی وزن
سورنجان (حب) پارسیدا اجنار دیرلار قروغ ساوقدو
درجه اول اکر جوزی اینکه توبزاقیه بغایت قروغ دور تغا
اینکه هول دور یفراغی نی شربت بیله قایناتیه دکوز کا ضماد
قیلسه کوز دین سو بارماس ایسیغ دین ورم یا بلغم دین تیزی
ورم بول نافع دور اکر یوشاق سوقوب سولوغ یراغ سفسا
قرو تور اکر قوبزاقینی سوقوب یو سوروب جراحتنکا قویسه قرد تو
اکر جکیت بیله اوند کو یکا نیکا قایناتیب یفراغ خواه قوبزاقی
بیله قایناتیب کوز کا نافع دور اکر کولینی یمان یرلارغه سفسا
نافع اینکه درخیکا دیفراغینی قوناب قالوان توغ بغایت زیان
لیغ دور او فکانینک پیه لاریکا زیان دور اکر اینکه دین بیرسیمه سینی
استسلالا لاری یوماس ایشلاتا کابلاد جوزی اینکه بیله کا جاقاد ورغان
جانور لارغه ضماد قیلسه نافع اکر پوستینی کویدوروب یوسا بدن
یوزی جلالیغ بولور بیله جانب شفا تاپار باذن الله تعالی
اکر یفراغینی یا میوه سینی کویدورسه اول یردین فنه کموت
جیبین ویکر بیله قاجار اول یرکا کلماس (دفلی) سم اشجار
دور پارسیدا

94. 克它備·提比（醫藥書） 察合台文 清抄本

册葉裝。開本高19釐米，廣14釐米。新疆維吾爾醫學高等專科學校藏。入選第四批《國家珍貴古籍名録》，名録號11274。

該書主要介紹了維吾爾醫學中關於心腦、呼吸、皮膚、生殖、婦科和兒科等各種常見疾病的治療原則、治療方法和用藥技術。同時，還引用了《哈熱孜目下合》等維吾爾醫藥古籍記載的一些驗方，對維吾爾醫臨床有一定的指導意義。

（阿布都卡地爾·阿布都瓦依提）

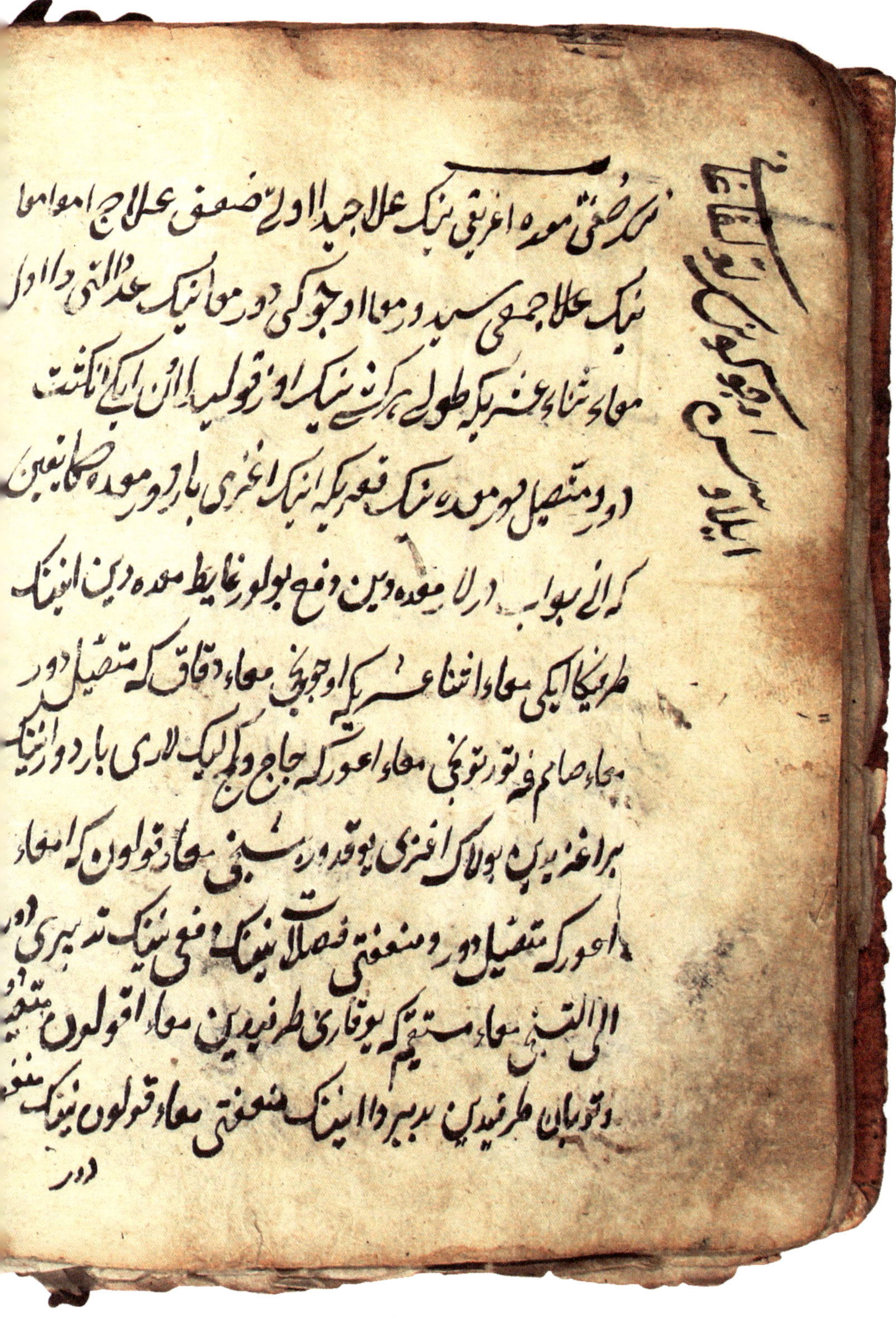

95. 木熱克巴體·提比（複方藥物治療手册） 察合台文 清抄本

册葉裝。開本高21.5釐米，廣17釐米。新疆維吾爾醫學高等專科學校藏。入選第四批《國家珍貴古籍名録》，名録號11275。

該書共47章。第1至46章主要介紹各種疾病的病因、症候、用藥和治療，同時説明成藥處方的成分、性質、作用、藥物加工和使用方法等。第47章主要介紹部分常用生藥的性質、作用、用法、替代藥，以及生藥的炮製方法等。書中記載了部分當地飲食蔬果的藥用价值，體現了維吾爾醫藥學的食療特色。

（阿布都卡地爾·阿布都瓦依提）

استیما اسدعوب ففقی کم لوقای اندا هم خطر دور بینه بر

علامات اوبیات تورت بش کوندی کین برکوزی کجی برکوزی

جورک بولسو یانتیش لادین کچیر کوجود قلیب سوز لاماب

اندا هم خطر ادور بینه برعلامات اما غلاربنی لو لا اوزاتیب

لو لا یعب الیب کوزلاری ینه هرطرف کا یوکورلوب استین اوستون

قولاب کی سوز سوزلی جرتین جواب ایت اندا هم خطر دور

امید لوقتوب بولباس صولداغ اغریق ضماد جابلیق اوزغارک

دو اقلماق خوبدور نینشازبیب اولکم ارحنه

لیق بولوب عقلیدین کتماس اغریق سوز غوجولار غه

شربرنج ملایم لیق برلا جواب بیرسه انینکیدا امید بار لیوق ایرسه

هر قسمی فعل قیلیب او لوکلار ینه لو لا یاد ات اندا هم خوف بو

لوقدور اگر اغریق لو لا هربان سوز لاسه استماریب قوی

لور مسیس سلیب یا جیقنه هربان سوز لاماکی دفع بولور

اغریق بنینک اول کجلی قی شکلی عقلدین ازیغیدا تشموری

هر قسمی شغل

96. 卡米力・提比（醫學文庫）

察合台文

胡佳・熱依木・阿胡訇撰

清末抄本

册葉裝。開本高25釐米，廣15.5釐米。新疆維吾爾醫學高等專科學校藏。入選第三批《國家珍貴古籍名録》，名録號09713。

該書是和田維吾爾醫學家胡佳・熱依木・阿胡訇撰寫的一部維吾爾醫藥學專著，詳細介紹了維吾爾醫學基礎理論，常見病及多發病的病因病機、症狀體徵、預防措施和治療方法；記録了多種草藥的用途、識别方法，以及各種成藥處方及其用途和製藥方法。該書反映了當時維吾爾醫藥發展客觀情況，具有重要的應用價值和文化價值。

（阿布都卡地爾・阿布都瓦依提）

97. **醫學之目的** 察合台文 木拉德拜克·艾里拜克撰 抄本

册葉裝。開本高50釐米，廣35釐米。新疆維吾爾自治區維吾爾醫藥研究所藏。入選第一批《國家珍貴古籍名録》，名録號02343。

木拉德拜克·艾里拜克，喀什噶爾（今新疆喀什）人，著名維吾爾醫藥學家，編撰多部維吾爾醫藥學專著，代表作爲《醫學之目的》。據專家考證，該書於公元1737年以察合台文撰成，分爲醫學基礎理論、臨床實踐、藥物治療三部分。其中，醫學基礎理論部分主要介紹了維吾爾醫四大物質學説、體液學説、氣質學説、力學説等基礎理論。臨床實踐部分介紹了各科疾病認識和治療方法，以及中毒解毒方法等。藥物治療部分介紹了1500多種成藥的組方成分、製備方法、功能主治、用法用量以及適用症。此外還介紹了1000多種維吾爾醫成藥和單味藥的阿拉伯文、波斯文、突厥文名稱及其性味、功能主治、替代藥品，藥物的常用量和用藥單位等。該書内容豐富、實用性强，至今仍爲維吾爾醫使用的主要工具書。

（伊河山·伊明）

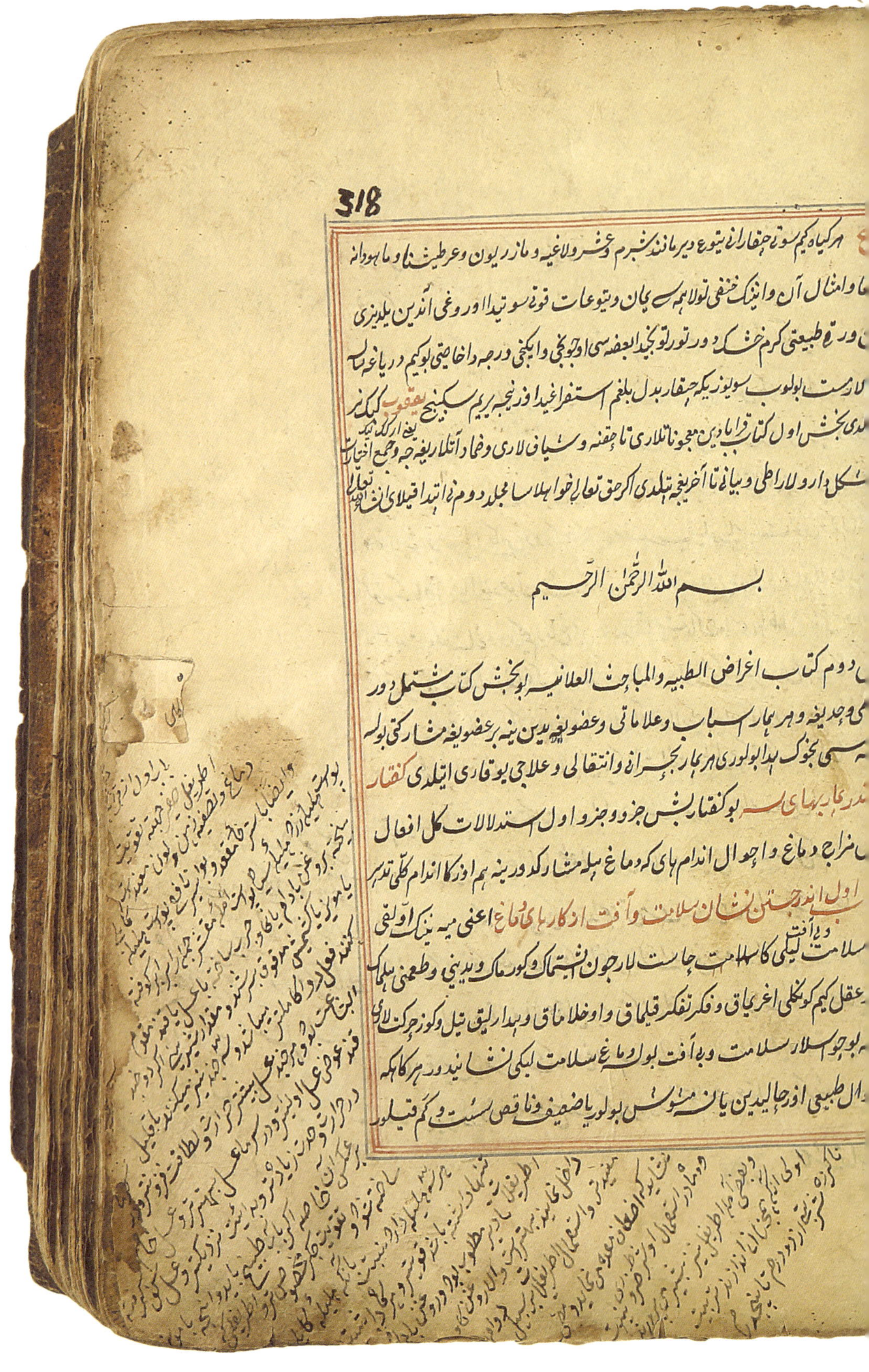

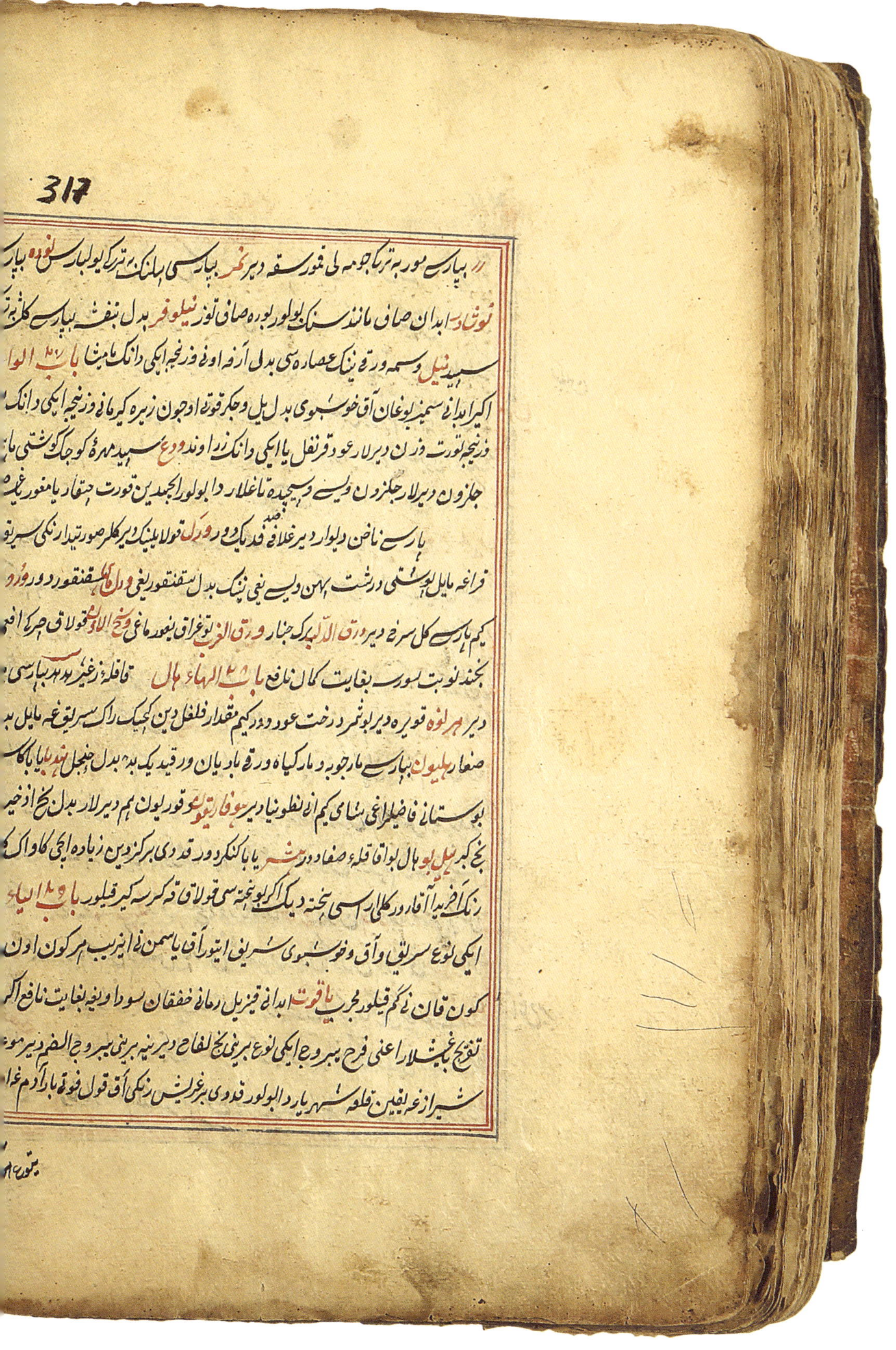

98. 身心之康復 察合台文

白德爾丁·蘇皮阿洪撰

抄本

册葉裝。開本高50釐米，廣38釐米。新疆維吾爾自治區維吾爾醫藥研究所藏。入選第一批《國家珍貴古籍名録》，名録號02344。

白德爾丁·蘇皮阿洪，喀什噶爾（今新疆喀什）人，著名維吾爾醫藥學家，阿古柏統治時期曾任宫廷侍醫。全書分上下兩册，結合作者多年臨床經驗，主要闡述了維吾爾醫學基礎理論，各種内外常見疾病診斷、治療、禁忌、用藥、驗方以及製藥技術，常用藥材的藥性、代用藥，飲食保健等内容，是一部綜合性維吾爾醫學著作。

（伊河山·伊明）

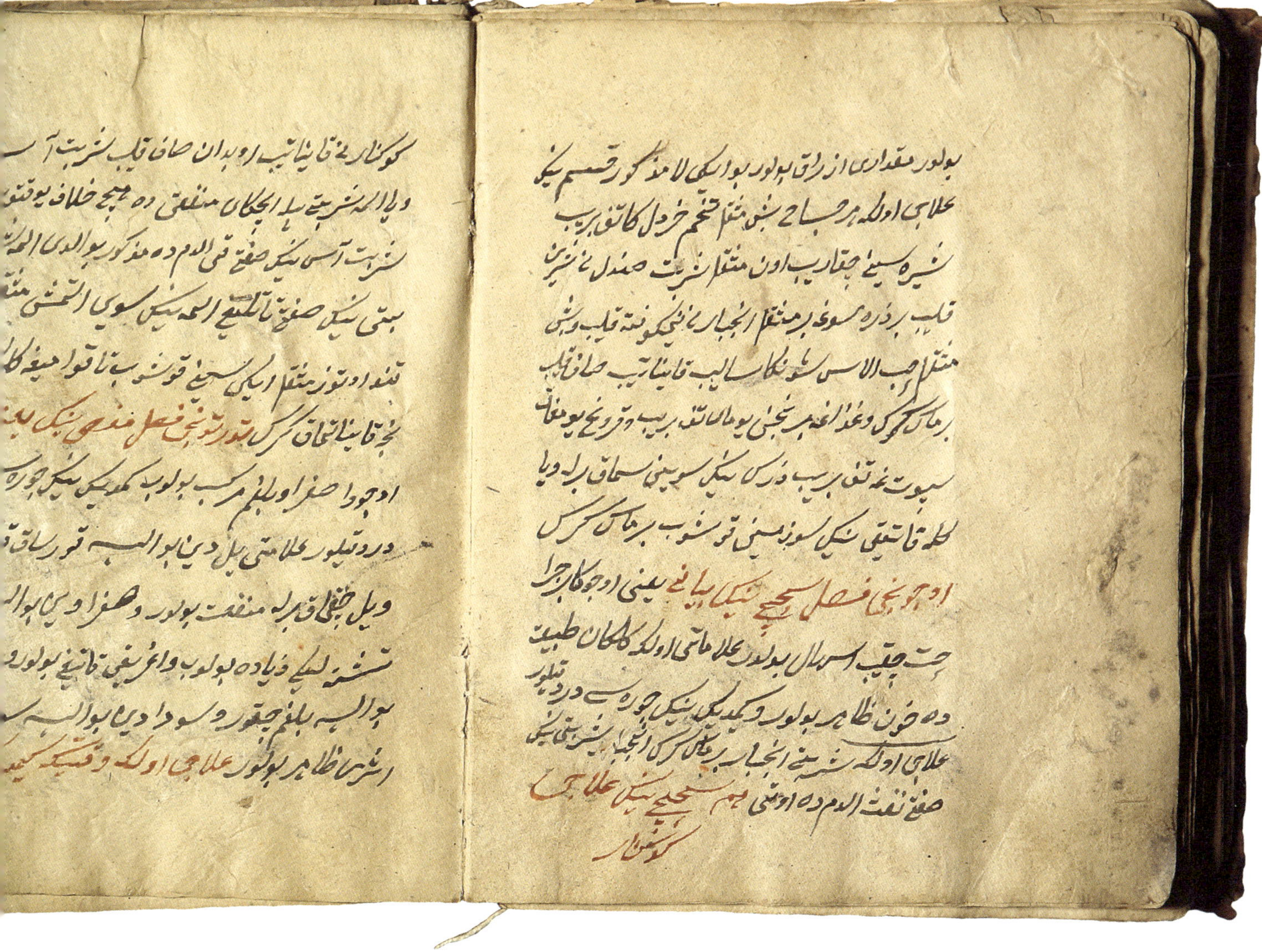

99. 熱沙萊依摩兹朵孜里克（鞋匠工藝經）

察合台文

清抄本

册葉裝。開本高11釐米，廣7釐米。新疆維吾爾自治區少數民族古籍搜集整理出版規劃領導小組辦公室藏。入選第四批《國家珍貴古籍名録》，名録號11265。

該書主要記述了維吾爾傳統製鞋業的工藝流程和鞋匠應遵守的行業道德規範等，對研究維吾爾古代手工藝有重要價值。全書使用桑皮紙抄寫。

（艾爾肯·伊明尼牙孜·庫吐魯克）

0038

0037

100. 漢國書 滿文
清光緒二十四年（1898）抄本

綫裝。開本高22釐米，廣17.5釐米。伊犁哈薩克自治州文物局藏。入選第四批《國家珍貴古籍名録》，名録號11333。

《漢國書》是《西漢演義》的滿譯手抄本，主要叙述秦始皇統一天下後，項羽、劉邦反對秦國暴政及秦亡後楚漢相争的故事。滿譯手抄本在錫伯族民間被稱爲"朱倫"，並隨之形成"朱倫呼蘭比"這一錫伯族民間特定的文化活動形式。"朱倫呼蘭比"是指用一定的音調和錫伯語（或滿語）進行念説和吟唱長篇小説的曲藝形式。該書對研究歷史演義小説、民間翻譯文學、"朱倫"抄本的形成及漢、滿、錫伯族文化交流有一定參考價值。

（安英新）

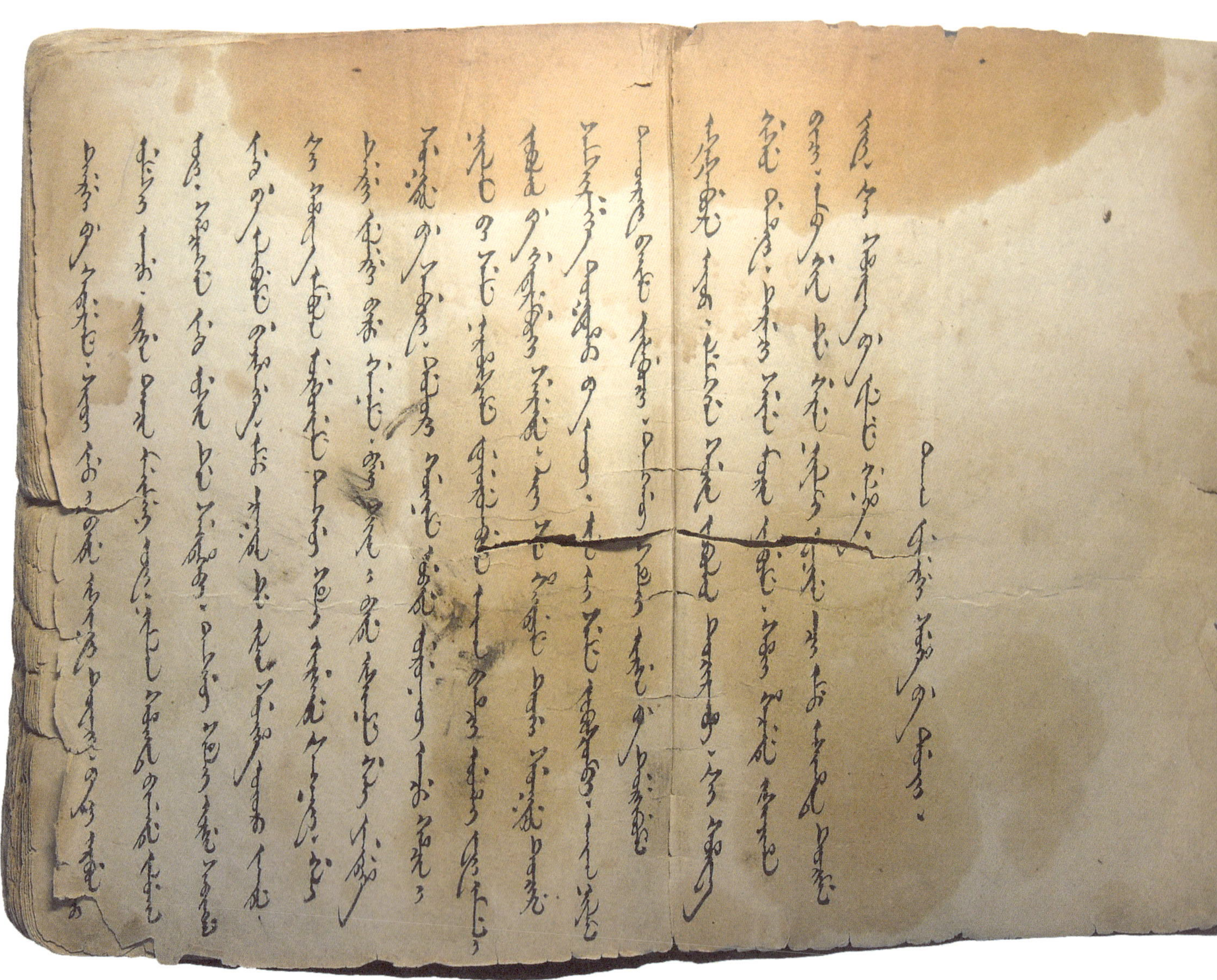

101. **勸善經** 滿文
清抄本

綫裝。開本高12.5釐米，廣7.5釐米。半葉12行，行約14字。伊犁哈薩克自治州文物局藏。1册。入選第三批《國家珍貴古籍名録》，名録號09789。

該書從錫伯族民間徵集，傳抄時間爲清同治、光緒時期。錫伯族早在明末清初就信仰了藏傳佛教，並廣建寺院。這部源於漢地的佛教典籍流傳於錫伯族民間，不僅與錫伯族的娘娘廟信仰有關，也與清政府在邊疆地區推行主流文化價值觀有密切關係，對研究清代漢文化在邊疆錫伯族民間的傳播具有重要價值。

（安英新）

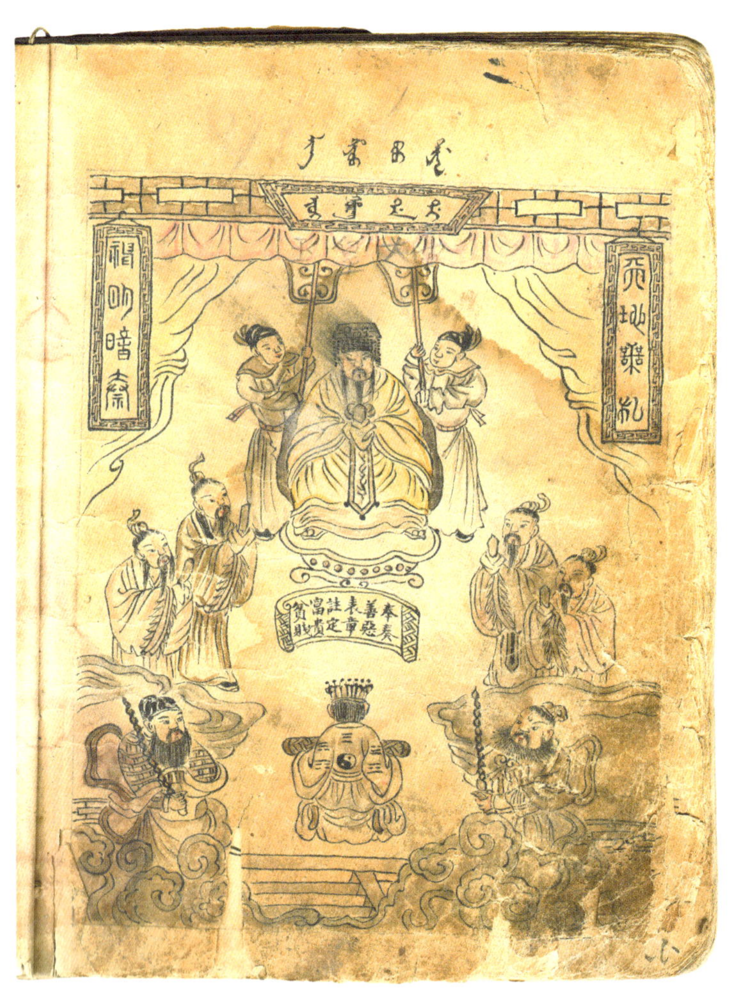
奉奏善惡表章註定富貴貧賤

其他文字古籍

102. 瑪斯納維（雙行詩哲理訓言）

波斯文

（波斯）哲拉魯丁·魯米著

公元1610年抄本

精裝。開本高29釐米，廣21釐米。新疆維吾爾自治區少數民族古籍搜集整理出版規劃領導小組辦公室藏。入選第四批《國家珍貴古籍名録》，名録號11368。

《瑪斯納維》是波斯文學家、宗教人物哲拉魯丁·魯米（1207—1273）撰寫的雙行哲理訓諭長詩，凝聚了作者的全部知識和智慧，集中闡述了蘇菲主義認主獨一説、真主獨一説、人主合一説等思想觀念，反映了神秘主義的靈性感受。全書使用桑皮紙抄寫，字體優美，保存完整。

（艾爾肯·伊明尼牙孜·庫吐魯克）